A Breve História da Segunda Guerra Mundial na Ásia

A Guerra Ásia-Pacífico, a Frota Oriental, Pearl Harbor
e a Bomba Atômica que Chocou o Japão

(1941-1945)

Isenção de responsabilidade

1

Introdução

A Segunda Guerra Mundial na **Ásia** (também chamada
de **Guerra do Pacífico**, (e) *Guerra do Pacífico*) foi travada
na Ásia Oriental e no Oceano Pacífico entre o Império
japonês e uma coalizão de Aliados, sendo os principais os
Estados Unidos, a China e (a partir de agosto de 1945) a
União Soviética.

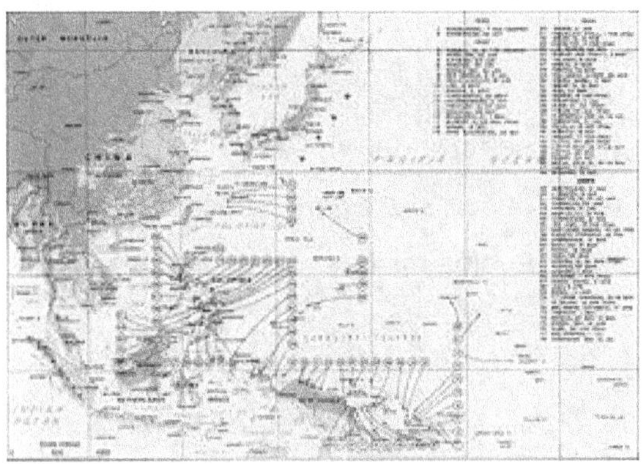

Mesmo anos antes do início da Segunda Guerra Mundial
na Ásia, havia sinais de agitação crescente:

- Os Estados Unidos e as potências européias (Grã-
  Bretanha, França e Holanda) colonizaram muitas

ilhas e países na Ásia, ganhando domínio sobre uma grande parte da população asiática.

- O Japão começou a crescer cada vez mais forte: seus planos econômicos de estilo mais ocidental fizeram com que a indústria japonesa, assim como suas forças armadas, se desenvolvessem a uma velocidade relâmpago.
- Havia uma agitação crescente na China, o que tornou fácil para o Japão ganhar muita influência lá.

O Japão havia se tornado um país altamente industrializado desde sua abertura ao mundo no século XIX, governado pelos militares e um imperador que era considerado uma divindade.

Entretanto, o país enfrentou um grande problema: tinha um grande excedente populacional e poucas matérias primas para sua indústria. Portanto, os japoneses tinham se voltado cada vez mais para o imperialismo, a conquista de novos territórios para o Japão na Ásia.

No entanto, ao longo dos anos, a atitude dos japoneses mudou: no início eles queriam apenas pequenas expansões para salvar seu território da superpopulação, mas mais tarde eles queriam muito mais: um império próprio na Ásia. Eles queriam remover os opressores (as potências coloniais) da Ásia e estabelecer sua própria autoridade em seu lugar, e também queriam controle sobre a China.

Os primeiros passos foram dados já no século XIX, quando o exército japonês ocupou as ilhas ao sul do continente propriamente dito, incluindo Okinawa. Na Primeira Guerra Sino-Japonesa (1894-1895), Formosa (Taiwan) e Coréia foram tiradas da China e anexadas ao Japão, e na Guerra Russo-Japonesa (1904-1905), os russos perderam sua base naval em Port Arthur para os japoneses, que assim ganharam efetivamente o controle do Mar Amarelo. Na Primeira Guerra Mundial, os japoneses capturaram grande parte do império colonial alemão na Ásia, incluindo as Ilhas Mariana, Ilhas Marshall e as Ilhas Gilberts. No Tratado de Versalhes, o Japão obteve todas as ilhas conquistadas ao norte do equador.

No período pós Primeira Guerra Mundial, os EUA, Holanda, França, Grã-Bretanha, Austrália e Nova Zelândia tentaram em conjunto contrariar a crescente influência e

4

expansão do Japão. O Japão, que passou a ser cada vez mais influenciado por militares ultranacionalistas e expansionistas nos anos 30, se orientou cada vez mais para as potências do Eixo como resultado.

Tabela de conteúdo

7

Guerra Sino-Japonesa

A Manchúria era um estado independente separado da China desde a Primeira Guerra Sino-Japonesa, servindo como um estado tampão entre o Japão e a China. Em 18 de setembro de 1931, uma linha ferroviária de propriedade de parte do governo japonês foi explodida ao norte da cidade de Shenyang. O Japão culpou os nacionalistas chineses, invadiu a Manchúria e estabeleceu um estado vassalo japonês, Manchukwo, lá em 1932. O ex-imperador chinês Xuantong (Pu Yi) foi nomeado chefe de estado, embora ele tivesse pouco poder; os japoneses basicamente governavam.

O Japão então invadiu a própria China em 1937. As tropas japonesas ocuparam a província de Jehol ao sul da Manchúria. A China não cederia e cederia ainda mais território ao Japão, e o Japão só queria conquistar mais território chinês. Jehol foi anexado a Manchukwo como uma unidade administrativa, e logo Xangai e Pequim também caíram em mãos japonesas. Os japoneses conquistaram grande parte do leste da China. A captura da capital chinesa Nanking foi seguida pelo Massacre de

Nanking, no qual centenas de milhares de residentes foram assassinados.

Esta invasão levou os EUA, juntamente com as Índias Orientais Holandesas, a instituir um boicote ao petróleo contra o Japão, que eles consideravam um agressor. Isto colocou o Japão em uma situação economicamente difícil: sem o fornecimento anual de petróleo dos EUA e das Índias Orientais Holandesas, o Japão só teria petróleo por 18 meses, e quando isso terminasse, o Japão ficaria completamente aleijado. Os americanos também impuseram boicotes comerciais à sucata de ferro, aço e combustível para aviação. Estas restrições cortam o Japão das matérias-primas de que necessitava. O imperador japonês Hirohito quis, portanto, expulsar os Aliados do Pacífico através de uma poderosa ofensiva e criar um grande império nipo-asiático.

Em 1938, surgiu um conflito fronteiriço sobre Manchukwo entre o Japão e a União Soviética, sendo as principais batalhas a Batalha do Lago Chasan (1938) e a Batalha de Halhin Gol, ambas vencidas pela União Soviética. Este conflito terminou com um tratado de não-agressão em 1941 e a relutância do Japão em manter o olho na Sibéria

9

e nos Urais por mais tempo, permitindo a Joseph Stalin mobilizar todos os seus exércitos siberianos contra a subsequente invasão alemã.

esfera de influência japonesa antes da guerra

O Japão já controlava um grande território no início da Segunda Guerra Mundial, em 1939, muito maior do que o Japão atual. Japão propriamente dito então incluído:

- O próprio Japão
- os Kurils
- a metade sul da ilha de Sakhalin
- Okinawa
- Iwo Jima
- Taiwan (Formosa)
- Coréia.

Havia também as áreas de mandato que havia adquirido após a Primeira Guerra Mundial (a Área do Mandato do Pacífico Sul):

- as Ilhas Marshall.
- As Ilhas Marianas (menos Guam, que era americana)
- as Ilhas Gilberts
- Micronésia

- as Ilhas Palau

Havia também os territórios ocupados na China, como Manchuwko e Nanking, onde foi fundado um estado vassalo chinês chamado Japanese-China.

No sudeste asiático, após a queda da França na Europa, a Indochina francesa (os atuais estados do Vietnã, Laos e Camboja) havia sido cedida ao Japão, o que ao mesmo tempo colocou a Tailândia do seu lado sob ocupação. Isto incluiria as seguintes áreas que ainda não estavam em mãos japonesas:

- Índias Orientais Holandesas
- As colônias britânicas em Bornéu
- Malacca
- Birmânia
- Índia britânica (Índia atual, Bangladesh e Paquistão)
- China
- Mongólia
- Todo o território da União Soviética ao leste do Lago Baku.

- Posse dos EUA no Pacífico: Filipinas, Wake, Guam, Midway e Hawaii
- Austrália
- Nova Zelândia
- Os bens franceses livres

Ataque ao Pearl Harbor

Em 27 de setembro de 1940, o Japão assinou o Pacto das Três Potências com as potências do Eixo Alemanha e Itália. Nele, os países se prometiam apoio militar caso um deles fosse atacado.

Para eliminar a poderosa marinha de seu principal adversário, os americanos, o principal objetivo dos japoneses era atacar a base naval americana Pearl Harbor, no Havaí. Aqui, toda a frota dos Estados Unidos foi ancorada no Oceano Pacífico, perto uns dos outros e, portanto, um alvo ideal.

O Japão enviou seus sete porta-aviões juntamente com dois esquadrões da frota para Pearl Harbor, via noroeste.

Sem declaração oficial de guerra, o ataque surpresa se seguiu em 7 de dezembro de 1941. Nisto, mais de 200 aeronaves americanas foram destruídas, muitos cruzadores afundaram ou foram gravemente danificadas e mais de 2.400 americanos morreram, em comparação com uma perda de 29 aeronaves e cinco submarinos no lado japonês. Entretanto, a maioria dos navios dos EUA não foram afundados, mas apenas sofreram sérios danos, e muitos navegaram novamente como de costume vários meses depois e até mesmo participaram da Batalha de Midway.

Em resposta ao ataque, os americanos realizaram um bombardeio direto em Tóquio, o *ataque Doolittle*. Este ataque não causou grandes danos, mas foi um ponto brilhante que poderia impulsionar o moral dos Aliados um pouco depois das muitas perdas.

O porto

Localizado a mais de 3.600 km de São Francisco, Pearl Harbor era popular entre os marinheiros americanos. Se o inimigo afundasse um navio na entrada do porto, a base ficaria inutilizável. Para chegar ao mar aberto, a frota precisou de três horas. Uma vez que a frota estava dentro, juntamente com todos os suprimentos e lojas, ela formava um alvo atraente. Entretanto, a mobilização total da frota e a sua partida custaria milhões de dólares, e nenhum comandante queria correr o risco de dar tal ordem por nada .

O almirante James Richardson, comandante da base em maio de 1940, sentiu que os navios pertenciam a portos seguros na Costa Oeste. Quando ele se dirigiu ao Presidente Franklin D. Roosevelt com suas objeções, foi demitido de seu cargo e substituído pelo Almirante Marido Kimmel.

17

Linha do tempo até 7 de dezembro de 1941

Já em 16 de outubro de 1941, a mídia norte-americana estava ciente da situação iminente. Portanto, eles prestaram alguma atenção a esta ameaça em seus artigos noticiosos. Entretanto, o povo da América se sentiu completamente protegido por seus militares e prestou pouca atenção aos artigos. Henry Stimson, que na época era secretário de defesa na América, estava bem ciente da ameaça, pois em resposta aos artigos noticiosos, ele falou: "*Agora é hora de esperar para que o Japão possa dar o primeiro passo, depois do qual podemos atacá-los diretamente*".

O Japão e a América ainda estavam em negociações um com o outro, mas estes não queriam ir sem problemas. Em 5 de novembro, seis mensagens foram interceptadas dizendo que as negociações com os Estados Unidos deveriam ser concluídas até 25 de novembro.

O líder da operação de guerra japonesa, Yamamoto, queria assumir o controle de toda a região do Pacífico Sul, então ele desenvolveu uma estratégia para atacar Pearl Harbor, as Filipinas e todos os outros lugares não

japoneses nesta área ao mesmo tempo. Ele apresentou
seu plano para isso em 7 de novembro e o chamou de
Plano Z.

Plano "Z".

Ninguém na marinha japonesa conhecia Pearl Harbor
melhor do que a Yamamoto. Em seu camarote, em seu
navio de bandeira, Nagato pendurou um mapa da base
sobre a qual ele havia feito todo tipo de anotações. Uma
vez que tudo na base foi com uma regularidade definida,
ele podia saber quando encontrar ali a maior concentração
de navios. As defesas aéreas eram inadequadas e ele
acreditava que um ataque aéreo tinha uma grande chance
de sucesso. Ele se inspirou no Almirante Heihachiro Togo
e deu ao seu plano o nome de seu sinal Z durante a
batalha de Tsushima (1905).

Ao fazer isso, ele sabia que vinte e quatro aviões
britânicos afundaram três navios de guerra em um ataque
à frota italiana em Taranto em 11 de novembro de 1940,
com a perda de apenas três aviões. Os americanos
também reconheceram a importância deste ataque, mas o
almirante Kimmel se recusou a instalar redes anti-torpedo

19

porque elas dificultariam a liberdade de movimento de
seus navios.

táticas japonesas

Yamamoto preferiu, antes de tudo, colocar os navios de
guerra fora de ação porque ele pensou que isso daria um
duro golpe aos americanos. Quando ele apresentou seu
plano de atacar Pearl Harbor usando aviões que
decolariam de porta-aviões ao Capitão Minoru Genda, um
especialista em ataques aéreos, ele foi aconselhado a
atacar os porta-aviões americanos porque eles
representavam a maior ameaça para a Marinha Imperial
japonesa.

O Japão tinha dois dos maiores porta-aviões do mundo: a
Akagi (36.500 toneladas), que podia transportar 91
aeronaves (maiores que as norte-americanas *Lexington* e
Saratoga) e a *Kaga de* 38.200 toneladas. Junto com *Hiryu*,
Soryu, *Zuikaku* e *Shokaku,* a Marinha Imperial Japonesa
tinha seis porta-aviões. Genda queria usar todos os seis
no ataque (441 aeronaves no total) junto com uma força
avançada de submarinos. Os torpedos eram preferidos

porque eram mais poderosos e precisos do que as bombas.

Embora Yamamoto quisesse comandar ele mesmo o ataque, ele não pôde fazê-lo porque tinha muitas outras responsabilidades. A escolha recaiu sobre o Contra-Almirante Chuichi Nagumo. Ele não era um especialista em aeronaves, mas foi nomeado por causa de sua antiguidade. Ele ficou consternado ao ouvir a responsabilidade de sua tarefa, mas se consolou com o pensamento de que o ataque poderia não ir adiante. Afinal de contas, o Japão ainda não estava em guerra com os EUA. Além disso, o plano ainda não tinha sido aprovado pelo comando supremo do Japão.

Dúvidas no Plano Z

O imperador Hirohito foi mantido no escuro por seus ministros e generais sobre seus planos concretos para eliminar a base americana em Pearl Harbor. Em 5 de setembro de 1941, o imperador concedeu ao príncipe Konoe uma audiência, durante a qual ele ficou horrorizado ao saber que os preparativos para a guerra tinham precedência sobre a diplomacia. A isso, ele convocou

21

imediatamente alguns oficiais superiores, o General
Sugiyama e o Almirante Nagano, para esclarecer. Eles lhe
asseguraram que uma solução diplomática ainda era sua
opção preferida. No dia seguinte, na Conferência Imperial,
a questão voltou a surgir. Perguntados se os preparativos
para a guerra eram preferíveis à diplomacia, Sugiyama e
Nagano ficaram calados e deixaram outros conversarem.

Então, algo quase inaudito aconteceu. O imperador, que deveria presidir a conferência e não participar ativamente das deliberações, levantou-se de sua cadeira e tomou a palavra:

Lamentamos profundamente que o Comando Supremo não tenha achado conveniente nos esclarecer a questão.

Ao fazer isso, ele citou parte de um poema:

Já que somos todos irmãos neste mundo, por que as ondas e os ventos estão tão agitados?

Após esta violação grosseira do protocolo, houve um minuto de silêncio, durante o qual a empresa tentou aceitar o inesperado surto de seu imperador. Finalmente, o Almirante Nagano tomou a palavra e assegurou a Hirohito sua lealdade ao imperador, que eles compreenderam a importância da diplomacia e que lamentaram profundamente ter desagradado ao imperador com seu comportamento. Neste momento, eles encerraram a reunião no que Konoe disse ser uma atmosfera muito tensa.

23

Yamamoto tinha apresentado seu plano à Genda e mais tarde à Marinha, mas foi recebido com muita resistência por parte desta última. Muitos achavam que o plano era muito ousado. Yamamoto estava convencido de que, se chegasse à guerra, a América deveria sofrer um golpe devastador, permitindo que o Japão ocupasse as Filipinas, Malaca e as Índias Orientais Holandesas sem oposição, antes que a Marinha dos EUA pudesse se recuperar. Seus colegas ainda assumiram o poder decisivo dos navios de guerra dos quais o Japão tinha dois em preparação: o Yamato e o Musashi.

Linha do tempo até 7 de dezembro de 1941 (continuação)

Apesar da decisão de implementar o Plano Z de qualquer forma, o Japão ainda negociou com os Estados Unidos para tentar não levantar suspeitas. Consequentemente, em 10 de novembro, uma proposta de negociação foi enviada a Cordell Hull, na época Secretário de Estado dos EUA. Entretanto, os americanos ignoraram esta proposta e assim uma nova proposta foi feita 10 dias depois por Saber Kurusu, o negociador japonês. Além disso, o prazo que havia sido marcado para 25 de novembro foi transferido para 29 de novembro.

Por causa da situação que se aproxima, o Secretário de Defesa dos EUA fez novamente uma declaração impressionante: *a questão é como devemos manobrá-los para a posição de disparar o primeiro tiro, sem muito perigo e danos a nós mesmos.* (A questão é, como devemos manobrá-los para a posição de disparar o primeiro tiro, sem muito perigo e dano para nós). Isto mostra novamente que a América estava bem ciente da ameaça e também queria a guerra, sem ser "culpada".

A mídia japonesa escreveu que em 25 de novembro, a antiga data final, uma grande frota havia deixado o porto japonês. Segundo eles, ela navegou em parte em direção às Filipinas e em parte em direção ao Estreito de Formosa, sudeste da China. Na realidade, a frota partiu apenas um dia depois. Nesse dia, Nagumo, vice-almirante da frota japonesa, deixou a Baía de Hitokappu (単冠湾, *Hitokappuwan*) no lado leste de Etorofu com 6 porta-aviões, 423 aeronaves, 2 navios de guerra, 28 submarinos, 2 cruzadores e 11 contratorpedeiros. Claramente, os porta-aviões estavam relativamente sobrerepresentados nesta frota, mas isso fazia sentido, já que a intenção era atacar com os porta-aviões. Os outros navios foram encarregados exclusivamente de proteger esses preciosos navios de guerra. Logo após a partida, havia um rigoroso silêncio de rádio entre os navios, para que os americanos não simplesmente os notassem e rastreassem.

Em resposta à proposta de Kurusu em 20 de novembro, Hull apresentou uma contraproposta. Nele, no entanto, ele fez exigências tão altas que ficou claro antecipadamente que o Japão não iria cumprir. Mais uma indicação de que a América estava tentando iniciar uma guerra sem dar o primeiro passo. Um dia após a proposta de Hull, o secretário de guerra americano Henry Stimson enviou mensagens para a frota do Pacífico. Nelas, ele alertou sobre possíveis ações hostis por parte do Japão.

O Japão sentiu que, após o fracasso das vias diplomáticas, não havia outra alternativa senão a guerra. Apesar disso, eles ainda conduziram negociações com os Estados Unidos para fazer parecer que ainda havia uma intenção de seguir o caminho diplomático.

Algumas pessoas dentro do governo dos EUA desejavam que novos avisos de uma ameaça de guerra fossem transmitidos, mas a liderança do exército recusou, temendo falsos alarmes. No entanto, a partir de então, os indícios silenciosos de um ataque eram cada vez mais freqüentes. Por exemplo, o FBI interceptou uma mensagem sobre uma guerra iminente, mas a ignorou, pois não queria criar pânico entre a população.

Devido às ameaças de guerra cada vez mais claras, a Marinha dos EUA decidiu que não se permitiria ser atacada sem estar pronta. Portanto, eles enviaram um porta-aviões em direção a Midway, noroeste do Havaí. Dois outros porta-aviões foram enviados para outra área. Todos esses movimentos de navios mostraram novamente que a América estava ciente da ameaça representada pelo Japão. Apesar destas medidas, elas ainda não estavam suficientemente alertas, como seria visto mais tarde. Até então, já era 5 de dezembro.

Em 6 de dezembro, um telegrafista americano decifrou algumas mensagens japonesas que haviam sido interceptadas vários dias antes. A decriptação deixou claro para ele que havia novamente indícios de guerra, mas seu chefe não queria ter nada a ver com isso. Pelo contrário, ele exigiu que o telegrafista colocasse esta mensagem para descansar. Em vez de se preparar para uma guerra iminente, a idéia de apoiar a Inglaterra se ela fosse atacada pela Alemanha estava agora sendo considerada.

Em 6 de dezembro, Hirohito, então imperador do Japão, recebeu uma mensagem da frota nipo-pacificadora. Esta mensagem foi respondida rapidamente. Em 7 de dezembro, às 10h32 e 12 segundos, horário local, Franklin D. Roosevelt leu que o Japão **não estava** declarando guerra aos Estados Unidos, mas tinha chegado à conclusão de que novas negociações com os Estados Unidos já não faziam mais sentido.

7 de dezembro

Uma hora após esta mensagem, o presidente leu uma mensagem (interceptada) afirmando que uma declaração oficial de guerra seria entregue na América às 13h. No entanto, não forneceu detalhes sobre o local e a hora de um ataque das forças japonesas. Em resposta, Marshall ordenou que a frota do Pacífico ficasse em alerta extra.

Ao mesmo tempo, eles notaram um misterioso submarino japonês tentando entrar em Pearl Harbor.

Algumas pessoas eram de opinião que este submarino estava 'perdido', mas uma explicação mais lógica parece ser que ele estava procurando fraquezas dentro da frota americana e mais ainda para descobrir se estava preparado para a guerra. Seja como for, por volta das 12h00, este submarino foi atingido por um contratorpedeiro e afundado. Os oficiais em Pearl Harbor não tinham muito medo deste estranho submarino. Eles relataram o incidente à sede muito tarde.

Às 12.02h, a primeira onda de ataque de aviões japoneses foi avistada por uma estação de radar dos EUA. Estes eram os aviões que haviam decolado dos porta-aviões japoneses às 11h00 da manhã. Às 12h20, outro radar notou novamente esta onda de aeronaves, desta vez mais perto do porto.

Entretanto, o oficial de serviço desconsiderou este quadro assustador e não avisou ninguém, provavelmente porque uma série de B-17s dos EUA estava programada para chegar naquele dia. Não foi antes das 12h25 que Kimmel foi informado do incidente anterior com o submarino, mas mesmo assim nenhuma ação foi tomada. Todos os navios foram ancorados no porto, tornando-os um alvo extremamente vulnerável para a aeronave que se aproximava.

Às 12.49h, os pilotos japoneses receberam oficialmente permissão para atacar; nesta ocasião, a primeira onda de ataque japonesa realmente atacou Pearl Harbor do noroeste às 12.55h. A segunda onda se seguiu mais de uma hora depois, às 14h. Eles atacaram o porto a partir do nordeste.

Às 14h45, dos 96 navios no porto, 18 haviam sido afundados ou severamente danificados. Também 188 das 394 aeronaves tinham sido destruídas e 159 outras tinham sido danificadas. Um total de 2402 soldados morreram em conseqüência deste ataque.

Houve 1178 feridos. O alto número de mortos foi causado principalmente pelo afundamento do navio de guerra USS *Arizona*. De fato, 1177 pessoas foram mortas no afundamento deste navio .

Declaração de guerra da Alemanha nazista

O fato de que o Japão e a América estavam agora em guerra levou Hitler a declarar guerra contra os americanos no quarto dia após o ataque. Os Estados Unidos se envolveram assim mais uma vez em uma guerra européia (a primeira vez foi a Primeira Guerra Mundial), o que teria sido preferível evitar.

Variável

A marinha japonesa, como o Almirante Harold Rainsford Stark, o único americano a advertir sobre sua possibilidade, teria sido inspirada pelo ataque surpresa britânico de um esquadrão de aviões Fairey Swordfish do porta-aviões *HMS Illustrious* da frota italiana na Batalha de Tarente em 11/12 de novembro de 1940. Stark alertou sobre a possibilidade de tal ataque em um memorando de

22 de novembro de 1940, que, no entanto, seria ignorado pelo resto do almirantado dos EUA.

Conquista de Hong Kong

Já no mesmo dia que o ataque a Pearl Harbor, Hong Kong foi atacada na costa chinesa. Hong Kong foi uma colônia da coroa britânica e um excelente porto naval para ataques a posições japonesas em torno de Formosa e na China. A ocupação japonesa de Cantão e Hainan havia anteriormente cercado Hong Kong. No final de novembro de 1941, 3.000 canadenses se juntaram à guarnição britânica de Hong Kong, que naquela época contava com cerca de 12.000 homens.

Na mesma hora em que começou o ataque a Pearl Harbor, os bombardeiros de mergulho japoneses também atacaram Hong Kong com um bombardeio surpresa devastador. Depois disso, havia água potável fresca por apenas um dia, e Hong Kong havia se tornado uma presa fácil para o exército japonês. A infantaria japonesa invadiu a cidadela de Kowloon, o distrito de Kowloon, no continente. Em 18 de dezembro, os britânicos tiveram que entregar este distrito aos japoneses. Após apenas algumas horas, os japoneses atravessaram o canal e desembarcaram na ilha de Hong Kong. A cabeça de ponte foi rapidamente expandida e ao mesmo tempo uma quinta coluna se infiltrou nas linhas britânicas. No dia de Natal, a guarnição se rendeu aos japoneses após uma resistência teimosa.

Conquista das Filipinas, Malacca, Cingapura e Birmânia

As Filipinas, um território americano, foi atacado pelos japoneses em dezembro de 1941. Uma série de ataques anfíbios forçou o arquipélago a se render. Manila foi declarada uma cidade aberta, e unidades do exército japonês sem oposição entraram na capital filipina. 80.000 soldados norte-americanos conseguiram recuar para o bastião Bataan e resistiram. O comandante americano Douglas MacArthur foi evacuado para Darwin, na Austrália, em 11 de março de 1942. Logo depois, em 8 de maio, o novo comandante geral Jonathan Wainwright se rendeu aos japoneses: 130.000 tropas aliadas foram feitas prisioneiras de guerra e as Filipinas passaram a fazer parte do império japonês.

Batalha das Filipinas

A **Batalha das Filipinas** envolveu a invasão das Filipinas pelo Japão em 1941 - 1942 e a defesa das ilhas pelas forças filipinas e americanas. Embora tenha resultado em uma vitória japonesa, os vencedores foram atrasados pela incisividade dos defensores em outras áreas, assim como contribuíram para os contra-ataques dos Aliados no sudoeste do Pacífico, a partir do final de 1942.

É vista como a maior derrota militar que os Estados Unidos já sofreram.

A defesa

A partir de meados de 1941, após a crescente tensão entre o Japão e algumas outras potências, incluindo os
37

Estados Unidos, a Grã-Bretanha e a Holanda, muitos países do sudeste asiático iniciaram os preparativos para uma possível guerra.

Em dezembro de 1941, as forças de defesa combinadas nas Filipinas pertenciam ao Exército filipino, comandado pelo General Douglas MacArthur, que havia se aposentado como Chefe do Estado-Maior dos EUA em 1937, e aceitou o comando do Exército filipino. A tarefa do MacArthur, dada pelo governo das Filipinas, era principalmente reformar e estabelecer um exército composto principalmente de reservistas. O exército estava muito carente de equipamentos, treinamento e organização, entre outras coisas.

A guarnição americana, que consistia de 22.532 soldados, também conhecida como a Divisão Filipina, foi comandada pelo Major General George Grunert. Consistia principalmente da Divisão filipina dos EUA, que era composta em parte por um número bastante grande de filipinos, que serviam como escoteiros.

A guarnição foi reforçada por 8.500 soldados da Reserva Nacional Continental dos EUA, composta em parte das únicas unidades blindadas, dois batalhões-tanque.

A *Força Aérea do Exército dos EUA do Extremo Oriente* (FEAF), comandada pelo Major General Lewis H. Brereton, foi a maior formação aérea dos EUA fora dos Estados Unidos, composta por 107 caças P-40 e 35 bombardeiros B-17.

MacArthur organizou os defensores em quatro unidades diferentes. A *Força North Luzon*, comandada pelo Major-General Jonathan M. Wainwright, defendeu os locais de ataque mais lógicos para ataques anfíbios e as planícies centrais. Esta área também incluía a Península de Bataan, o lugar apropriado para voltar a cair se necessário, que estava localizada perto da Baía de Manila.

As forças de Waintwright compunham as 11ª, 21ª e 31ª divisões de infantaria do Exército Filipino, a 26ª Divisão de Cavalaria dos EUA (uma unidade de reconhecimento), um batalhão da 45ª Divisão de Infantaria (também uma unidade de reconhecimento), duas baterias compostas de armas de 144 mm e uma arma de montanha. A 71ª

Divisão de Infantaria das Filipinas também serviu como reserva e só podia ser implantada sob ordens da MacArthur.

A *Força Sul Luzon*, sob o comando do Brigadeiro-General George M. Parker Jr., deveria monitorar a zona leste e sul de Manila. A força de Parker consistia das 41ª e 51ª divisões de infantaria do Exército Filipino e duas baterias da 86ª Divisão de Artilharia dos EUA (originalmente também uma unidade de reconhecimento).

A '*Unidade* Visayan-Mindanao, *comandada pelo Brigadeiro-General William F. Sharp, consistia das 61ª e 81ª divisões de infantaria do Exército Filipino e da 101ª divisão de infantaria.*

Uma unidade de reserva, sob o comando direto da MacArthur, era composta pela Divisão das Filipinas, a Força *Aérea do Extremo Oriente* e unidades do Exército Filipino e da sede da Divisão das Filipinas, estacionada ao norte de Manila. Quatro regimentos de artilharia dos EUA guardavam a entrada em Manila, incluindo a Ilha Corregidor.

Disputa da Força *Aérea do Extremo Oriente*
40

Após o início da guerra em 7 de dezembro de 1941, Brereton encorajou seus chefes a realizar bombardeios contra Formosa, então território japonês, e onde seria bem possível que um ataque japonês fosse lançado ali, mas seu pedido foi recusado.

Isto se revelou um grande erro, pois havia muito poucas armas antiaéreas nas Filipinas, e a FEAF foi quase derrotada no chão, através de bombardeios aéreos nos dias seguintes.

A invasão

O 14º Exército japonês, comandado pelo General Masahary Homma, começou sua invasão desembarcando na Ilha Batan (não confundir com a Península de Bataan), ao norte de Luzon, em 8 de dezembro de 1941. No mesmo dia, metade da força aérea americana em Luzon foi destruída por ataques aéreos japoneses, em parte devido a falhas de comunicação do lado americano e em parte porque os japoneses conseguiram surpreender os americanos.

Os desembarques no continente foram feitos dois dias depois, em 10 de dezembro. Com a destruição da força

41

aérea americana, os japoneses tiveram hegemonia nos céus desde o início.

De 11 a 23 de dezembro, a maior parte do território de Luzon caiu em mãos japonesas, seguido de desembarques na ponta sul de Luzon, em Legazpi, bem como no Golfo de Lingayen e em Mindanao.

A maioria das forças aliadas se renderam depois de algum tempo, ou foram dominadas pela superioridade japonesa. A Divisão das Filipinas dos EUA se posicionou na paisagem para cobrir as retiradas das tropas, em direção a Bataan. Isto também foi feito do ponto de vista de contrariar os avanços japoneses na área da Baía Subic. Em 23 de dezembro, MacArthur informou a seus comandantes no campo que estava reativando um plano de pré-guerra. Isto significava que ele pretendia defender apenas Bataan e Corregidor; tanto o quartel-general militar quanto o governo filipino estavam se movendo em direção a Corregidor. Ainda assim, um grande número de forças permaneceram em outras áreas por alguns meses.

Batalha de Bataan

Em 30 de dezembro, a 31ª Divisão de Infantaria das Filipinas avançou para as proximidades do Passo Zigzag para dar cobertura aos flancos das forças em retirada do centro e sul de Luzon. A Divisão das Filipinas dos EUA organizou suas posições perto de Bataan. A 31ª Divisão avançou então para uma posição defensiva no lado oeste da estrada Olongapo-Manilla, perto do cruzamento de Layac, no norte da Península Bataan, em 5 de janeiro de 1942.

43

Um deles foi forçado a renunciar ao cruzamento em 6 de janeiro, mas o retiro para Bataan foi bastante bem sucedido. A 31ª Divisão assumiu uma posição de reserva na península para se recuperar das perdas dos tiroteios nos flancos.

De 7 a 14 de janeiro, os japoneses se concentraram no reconhecimento e nos preparativos para um ataque à linha geral de defesa da Abucay. As forças filipinas e americanas conseguiram resistir aos ataques noturnos perto de Abucay, de 10 a 12 de janeiro, e em 16 de janeiro as unidades da Divisão filipina dos EUA contra-atacaram. Entretanto, isto não teve sucesso e a divisão foi forçada a se retirar para uma posição de reserva na área de Cas Pilar-Bagec em 26 de janeiro.

Os japoneses, conscientes das pesadas perdas, empreenderam patrulhas e limitaram os ataques locais nas semanas seguintes. Como a posição Aliada continuava tendo que ser retirada, o presidente americano Franklin Delano Roosevelt ordenou à MacArthur que se mudasse de Corregidor para a Austrália, como Comandante Supremo do Sudoeste do Pacífico. (O famoso discurso de MacArthur sobre as Filipinas, no qual ele disse: "Eu vim de Bataan e voltarei", foi proferido em Terowie, Austrália do Sul, no dia 20 de março).

Wainwright recebeu o comando das forças aliadas nas Filipinas em 12 de março. Durante este período, unidades da Divisão das Filipinas dos EUA foram transportadas para frente e para trás para defender outros setores também.

As forças aliadas, agora enfraquecidas pela má nutrição, doenças e exposição demasiado longa para combater, enfrentaram uma nova onda de ataques por parte dos japoneses a partir de 28 de março.

Em 3 de abril, os japoneses romperam as brechas nas linhas aliadas ao longo do Monte Samat. A Divisão das Filipinas dos EUA, não mais operando como uma unidade coordenada, foi incapaz de montar um contra-ataque contra os ataques ferozes do inimigo. Em 8 de abril, a 57ª Divisão de Infantaria dos EUA e a 31ª Divisão das Filipinas foram invadidas no Rio Alangan. A 45ª Divisão de Infantaria dos EUA finalmente se rendeu em 10 de abril de 1942.

45

O Corregidor era agora defendido por 11.000 tropas constituídas pelo 4º Regimento de Fuzileiros Navais dos EUA, outras unidades de infantaria, unidades de artilharia dos EUA e homens da Marinha dos EUA destacados como infantaria.

Os japoneses começaram seu ataque ao Corregidor com um bombardeio de artilharia em 1º de maio. Na noite de 5-6 de maio, dois batalhões do 61º Regimento de Infantaria japonês desembarcaram a nordeste da ilha.

Apesar de uma forte defesa, os japoneses conseguiram formar uma cabeça de praia que logo foi reforçada por tanques e artilharia. Os defensores foram rapidamente empurrados de volta para a posição defensiva no Monte Malinta.

46

No final da tarde de 6 de maio, Wainwright pediu a Homma os termos da rendição. Homma insistiu que a rendição deve significar a rendição de todas as forças aliadas nas Filipinas. Como Wainwright acreditava que todas as vidas das pessoas em Corregidor estariam em risco, ele concordou com os termos. Em 8 de maio, ele enviou uma mensagem para a Sharp. Ele ordenou que ele entregasse a Unidade Visayan Mindanao. Sharp concordou, mas muitos indivíduos continuaram a luta na forma de guerra de guerrilha.

A rendição marcou o início de três anos e meio de opressão dos sobreviventes Aliados. Esta opressão também incluiu a Marcha da Morte de Bataan e as condições de vida extremamente duras dos campos de concentração japoneses.

As forças aliadas iniciaram a campanha para retomar as Filipinas em 1944. Isto começou com os desembarques na ilha de Leyte.

Importância

A defesa das Filipinas foi a resistência mais duradoura ao Exército Imperial Japonês nos estágios iniciais da

47

Segunda Guerra Mundial. Após o ataque em Abucay, os japoneses se limitaram a operações de cerco enquanto esperavam por reforços e não retomaram seu ataque até abril, dando a MacArthur 40 dias para preparar a Austrália como uma base operacional. A resistência inicial nas Filipinas deu à Austrália um tempo crucial para se organizar para sua defesa. A resistência filipino-americana aos japoneses até a queda de Bataan em 9 de abril de 1942 durou mais de três meses.

Nas colônias britânicas de Malaca e Cingapura, as defesas britânicas se baseavam em grande parte no ataque por mar. Em 8 de dezembro de 1941, os japoneses desembarcaram na costa leste da península de Malaca (colônia britânica, hoje parte da Malásia). Os japoneses desembarcaram o mais próximo possível do importante aeródromo de Kota Bharu. Uma divisão blindada japonesa se deslocou rapidamente para o oeste, na esperança de cortar a 11ª divisão britânica. Entretanto, esta última conseguiu recuar no tempo, deixando o porto de Penang desprotegido.

Preparação

A cidade portuária de Cingapura era o principal porto naval britânico no Pacífico. Os portos de alto mar proporcionavam excelente acesso para navios de guerra pesados. As extensas instalações portuárias proporcionavam instalações para reparos de outra forma disponíveis apenas nos Estados Unidos e Grã-Bretanha.

A ilha foi fortemente defendida contra um desembarque do mar. Foi visto como o "Gibraltar do Leste".

Estas instalações e suas defesas eram bem conhecidas no Japão e os planejadores japoneses estavam planejando um desembarque em Malaca. De fato, todas as defesas haviam sido construídas contra um desembarque do mar, não contra um ataque através de Malaca infestada de malária.

A própria península também era de grande valor, produzindo 43% da produção mundial de estanho. A Malaca também era uma importante fonte de borracha. As plantações de borracha foram de grande valor para ambos os lados; Malacca produziu mais de 30% da borracha do mundo. As plantações de borracha foram consideradas tão importantes que o exército britânico não foi autorizado a praticar aqui, ou apenas minimamente.

Nos anos que antecederam a Segunda Guerra Mundial, os britânicos elaboraram várias estratégias de defesa. Uma delas foi uma resposta no caso do Japão atacar via
50

Malacca: a operação Matador. O plano também previa um aumento dos recursos, especialmente mais de 670 aeronaves, necessários para repelir um grande ataque japonês. O governo britânico reduziu esse número para 350, e uma série de aeródromos em Malacca foram construídos para esses aviões. Churchill, no entanto, priorizou primeiro a batalha na Batalha da Grã-Bretanha, e depois a ajuda à União Soviética e a luta no Oriente Médio.

A operação Matador também previa uma incursão defensiva no sul da Tailândia para impedir um desembarque japonês no país. Esta tarefa foi confiada à 11ª Divisão Indiana do Terceiro Corpo do Exército Indiano, já responsável pela defesa do norte de Malaca. Como esta divisão deveria realizar duas tarefas simultaneamente permaneceu pouco clara no plano.

O comandante britânico coordenou seus planos de defesa com os defensores holandeses nas Índias Orientais Holandesas.

A Aviação Militar do Exército Real das Índias Orientais da Holanda (ML-KNIL) tinha cerca de 450 aeronaves à sua disposição, divididas em diferentes grupos de aeronaves. No total, o governo holandês havia encomendado 144 cervejeiros dos tipos 339C e 339D. No início da guerra, no entanto, apenas 71 haviam sido entregues, dos quais apenas cerca de 50 estavam prontos para uso.

Em 25 de dezembro de 1941, todos os 9 Brewster 339Ds de 2-VLG-V, juntamente com todos os 12 pilotos da

52

divisão, foram enviados a Kallang para ajudar os britânicos a defender Cingapura contra os japoneses. Estes caças eram equipados com racks de bombas e, portanto, também podiam ser usados como bombardeiros de mergulho.

Durante várias operações fora de Cingapura, os Brewsters holandeses realizaram várias operações, inclusive afundando um destruidor japonês e derrubando quatro aeronaves japonesas.

Enquanto defendia Cingapura, um piloto Brewster perdeu sua vida. Em 18 de janeiro de 1942, as aeronaves restantes foram chamadas para Java para lidar com a escassez holandesa. Além dos caças Brewster, alguns bombardeiros de outros grupos de aeronaves ML-KNIL também foram usados para defender Cingapura.

Malacca foi defendida pelo Terceiro Corpo do Exército Indiano. Isto foi reforçado com unidades da Austrália.

Os britânicos reforçaram a defesa da ilha, mas não foram muito diligentes nesse sentido. Nas palavras de um oficial britânico não-comissionado:

53

"Espero não ficarmos muito fortes em Malaca, porque assim os japoneses não se atreverão a fazer um pouso".

A atmosfera geral na ilha era de uma sensação de superioridade colonial sem problemas e sem fundamento.

No lado japonês, também nem tudo era hunky-dory. Os planos para o ataque a Malacca foram confiados ao General Yamashita. A relação entre ele e seu superior Tojo era desconfiada e hostil.

Em 2 de novembro de 1941, Yamashita recebeu o comando do 25º Exército (第25軍 , *arma Dai*-nijyūgo) para o ataque a Malaca e Singapura. Ao mesmo tempo, Masaharu Homma foi dado o comando do 14º Exército para o ataque às Filipinas, e Hitoshi Imamura foi dado o comando do 16º Exército para o ataque às Índias Orientais Holandesas.

Yamashita teve pouco tempo para se preparar. No entanto, ele providenciou cobertura aérea pela 3ª Frota Aérea com 459 aeronaves e por 159 aeronaves navais.

A ilha de Hainan, a meio caminho entre o Japão e Malaca, deveria servir como base de operações. Ele renunciou a duas das cinco divisões oferecidas, concluindo que a capacidade de fornecimento para elas era insuficiente. O 25º Exército seria composto pela 18ª Divisão sob o comando do General Renya Mutaguchi, a 5ª Divisão sob o General Takuro Matsui e uma divisão da Guarda Imperial sob o General Takuma Nishimura.

Os oficiais não se conheciam; o trabalho de Yamashita era forjá-los em uma unidade. No entanto, a cooperação com Nishimura se revelaria problemática durante toda a campanha. O general Hisaichi Terauchi, comandante do Exército do Sul, tinha em seu estado-maior um coronel que havia estudado a guerra da selva em Hainan. Yamashita se beneficiou muito com isso, mas também sabia que Terauchi estava usando este coronel como espião.

Havia vários milhares de japoneses vivendo em Singapura, e Yamashita, portanto, tinha à sua disposição uma inteligência bastante confiável. Ele concluiu rapidamente que precisava atravessar não 30 pontes, mas 500 pontes em seu caminho de norte a sul.

Em 4 de dezembro de 1941, embarcou o 25º Exército. A coordenação foi muito importante, pois o desembarque em Malaca teve que ocorrer quase simultaneamente com o Ataque a Pearl Harbor, apesar da longa distância e dos diferentes fusos horários.

Em 6 de dezembro de 1941, um avião de reconhecimento australiano observou a frota japonesa de 25 navios de transporte, acompanhados por um cruzador pesado, cinco cruzadores e navios menores. O almirante britânico Sir Thomas Phillips e o almirante americano Thomas C. Hart concluíram do curso que ou a Tailândia neutra ou Malaca era o alvo.

A Repulse foi posteriormente chamada de volta de sua viagem a Darwin. Quatro destruidores americanos foram enviados para a área de operações. Em 7 de dezembro de 1941, a frota japonesa foi novamente avistada. Mais um reconhecimento por aeronaves britânicas falhou devido ao mau tempo. O Marechal do Ar Sir Robert Brooke-Popham decidiu não prosseguir com uma invasão defensiva da neutra Tailândia.

As batalhas por Malaca

Em 7 de dezembro de 1941, duas divisões de infantaria japonesas desembarcaram em Malaca. Aterrissando em Kota Bahru, os japoneses perderam entre 300 e 800 homens devido à feroz resistência do batalhão indiano Dogra e aos ataques aéreos britânicos.

Em novos combates, as unidades britânicas se mostraram praticamente impotentes contra o exército japonês.

A má coordenação do lado britânico levou a um ataque japonês bem sucedido ao aeroporto de Cingapura em 9 de dezembro de 1941.

Em 11 e 12 de dezembro de 1941, as tropas britânicas sofreram uma derrota humilhante na Batalha de Jitra, apesar da falta prática de artilharia do lado japonês.

Um ataque em 8 de dezembro de 1941 pelos navios de guerra britânicos *Príncipe de Gales* e *Repulse,* numa tentativa de interceptar uma frota de invasão japonesa, levou-os a afundar em 10 de dezembro de 1941 em um ataque de aviões japoneses.

A defesa britânica foi simplesmente apressada para Cingapura após a batalha de Jitra. Cada posição defensiva foi rapidamente flanqueada ou violada pelas unidades japonesas bem treinadas. O bom treinamento das tropas japonesas na selva provou ser de grande valor. À medida que as tropas japonesas ganhavam terreno, elas também assumiam o controle dos campos de aviação recém-construídos, afirmando efetivamente sua superioridade aérea também.

Em 11 de janeiro de 1942, os japoneses tomaram a capital malaia, Kuala Lumpur. Yamashita entretanto teve problemas consideráveis de abastecimento, mas a captura desta cidade resolveu isto de várias maneiras.

As unidades australianas conseguiram por duas vezes capturar a vanguarda japonesa, mas também foram impiedosamente caçadas para o sul depois disso.

As batalhas por Cingapura

59

Em 31 de janeiro de 1942, as últimas tropas britânicas retiraram-se desmoralizadas de Malaca por causa de uma barragem de pedra que ligava a ilha de Cingapura ao continente.

O comandante das forças australianas resumiu desta forma a derrota dos Aliados:

> "Toda a operação parece incrível: 550 milhas empurradas para trás em 55 dias por um pequeno exército japonês de duas divisões, andando em bicicletas roubadas e sem suporte de artilharia".

Percival espalhou seus homens por toda a extensão de 70 km da costa da ilha, o que esticou as defesas muito finas.

Em 8 de fevereiro de 1942, as tropas japonesas atravessaram os estreitos estreitos que separam Cingapura de Malaca (Estreito de Johore). Já dois dias depois, em 10 de fevereiro de 1942, os britânicos foram forçados a se retirar da parte norte da ilha em uma segunda linha defensiva.

Em 13 de fevereiro de 1942, sabendo que seus suprimentos estavam em sérios problemas, Yamashita pediu ao comandante britânico, o Tenente-General Arthur Percival, que "cessasse esta resistência fútil e desesperada".

No dia seguinte, os Aliados conseguiram se manter em uma pequena área no lado sul da ilha, mas em 14 de fevereiro de 1942, perderam terreno novamente. Seus principais conselheiros aconselharam Percival a se render, também para minimizar as baixas civis.

No dia seguinte, os Aliados lutaram e as baixas civis aumentaram. Um milhão de civis estavam concentrados na pequena área onde os Aliados resistiram apesar dos bombardeios e bombardeios de artilharia. As tropas japonesas mataram duzentos pacientes e funcionários no "Alexandra Barracks Hospital" enquanto o exército britânico montava ninhos de metralhadoras no primeiro e segundo andares.

Na manhã de 15 de fevereiro de 1942, as tropas japonesas romperam as últimas defesas britânicas no norte. Os Aliados agora também estavam muito carentes de alimentos e alguns tipos de munição. Depois de se reunir com seus subordinados, Percival entrou em contato com os japoneses e pouco depois das 17:15 horas locais, ele assinou a rendição.

Cerca de 130.000 soldados indianos, australianos e britânicos foram feitos prisioneiros de guerra: a maior rendição de soldados britânicos da história.

Impacto

Com a queda de Cingapura, surgiram problemas de coordenação neste comando e, em poucas semanas, as Índias Orientais Holandesas caíram. Isto deixou os recursos estratégicos de petróleo das Índias Orientais Holandesas em mãos japonesas.

A área de comando dos Aliados foi dividida geograficamente em duas partes no Oceano Índico e no Pacífico. Os americanos assumiram o comando na área do Pacífico e Austrália, o South West Pacific Area Command; os britânicos assumiram o comando nas áreas limítrofes do Oceano Índico, o South East Asia Command.

Eles rebatizaram o nome de "Sião de Cingapura ocupada pelo Japão" *para* (昭南島 *Shōnan*-tō), "Luz da Ilha do Sul".
62

Yamashita adquiriu o apelido de "Tiger of Malacca". Ele foi transferido para um posto na fronteira sino-russa, onde não foi morto em ação. Em 23 de fevereiro de 1946, os americanos o condenaram ao laço pelos crimes de guerra de seus homens nas Filipinas.

Ainda hoje, fontes anglo-saxônicas freqüentemente atribuem o rápido avanço do Japão através de Malaca e Cingapura à superioridade aérea japonesa e à superioridade de um tanque japonês. As forças japonesas, ao menos inicialmente, não tinham tanques ou artilharia. Os britânicos tinham aeródromos, aviões, dois navios de guerra e suprimentos suficientes no início. Os japoneses operavam a 500 milhas de sua base mais próxima.

Pela velocidade com que Yamashita conseguiu avançar, ele privou os britânicos da oportunidade de tomar boas posições e fortalecê-los o suficiente. Ele conseguiu minimizar suas fraquezas e tirou o máximo proveito das fraquezas britânicas.

A batalha é considerada uma das maiores derrotas das forças britânicas na história.

Após a captura japonesa de Penang, o avanço em direção a Cingapura começou. A cidade foi chamada "o porto naval mais forte do Leste" por Churchill, e nenhum britânico esperava que o porto caísse para os japoneses. A defesa de Cingapura foi principalmente contra um desembarque do mar, não um ataque via Malaca, e isso foi exatamente o que os japoneses fizeram: Durante seu avanço, os transportes anfíbios continuaram a ficar atrás das linhas britânicas, forçando-os a recuar. De Kota Bharu, uma segunda unidade japonesa avançava simultaneamente para o sul ao longo da ferrovia interior. Em 29 de dezembro de 1941, os japoneses se reuniram em torno de Johoro em três direções diferentes.

Anteriormente, em 10 de dezembro de 1941, os modernos navios de guerra britânicos HMS Repulse e HMS Prince of Wales já haviam sido afundados por aeronaves japonesas, reduzindo consideravelmente as defesas marítimas de Cingapura contra um pouso. A cidade tinha uma força de defesa de 85.000 homens e uma força aérea de 141 aeronaves obsoletas. No entanto, em 8 de dezembro de 1941, foi lançado um ataque aéreo japonês contra Cingapura. Cingapura resistiu por mais de duas semanas enquanto os japoneses atravessavam o Estreito de Jehore, mas em 15 de fevereiro de 1942 Cingapura capitulou para os japoneses, uma pesada derrota para os britânicos.

Em janeiro de 1942, os japoneses invadiram a colônia britânica da Birmânia (Myanmar). Rangoon caiu em março. Com reforços das tropas aliadas tailandesas e japonesas que se tornaram disponíveis após a captura de Cingapura, os japoneses puderam então tomar a maior parte da Birmânia em poucos meses. Seguiu-se uma retirada caótica de defensores britânicos e chineses para a Índia e a China. Os japoneses começaram a construir uma ferrovia de Bangkok a Rangum em 1943 para fornecer tropas para uma invasão da Índia. Este *Death Railway* foi a inspiração para o filme *The Bridge on the River Kwai*.

Conquista das Índias Orientais Holandesas

As Índias Orientais Holandesas (Indonésia) eram ricas em petróleo e, portanto, ocupavam um lugar vital para o Japão durante a Segunda Guerra Mundial. Anteriormente, haviam sido feitas tentativas através de consultas políticas para trazer as Índias para a esfera de influência japonesa, mas os Estados Unidos se opuseram veementemente e ameaçaram com todos os tipos de sanções.

As Índias Orientais Holandesas não estavam no melhor estado de defesa devido à invasão alemã da Holanda e à limitada margem de manobra do governo em Londres. A isto se acrescentou o fato de que grandes partes da marinha e da força aérea estavam sob controle britânico ou australiano em lugares como Cingapura, pois esses lugares eram considerados de maior importância estratégica do que as Índias Orientais Holandesas. No total, a defesa da Indonésia (Índias Orientais) consistia de 30000 homens do Exército Real Holandês-Indígenas (KNIL), soldados nativos da polícia da "Landstorm", 79 bombardeiros (e mais tarde dez australianos) e da Marinha Real, incluindo o cruzador ligeiro Tromp.

Os ataques japoneses às Índias Orientais holandesas começaram em 10 de janeiro de 1942, quando as tropas japonesas realizaram desembarques em torno de Tarakan, no Bornéu. Os japoneses desembarcaram na costa leste da ilha, que estava apenas fracamente ocupada pelas tropas holandesas. No entanto, os japoneses não conseguiram seu prêmio: os holandeses incendiaram deliberadamente o petróleo de Tarakan, que estava sendo extraído usalmente a baixas profundidades. Ao mesmo tempo, os japoneses realizaram desembarques em Celebes, perto da cidade de Manado, o que foi importante por causa de sua baía abrigada e base para hidroaviões.

Invasão de Sumatra em 1942

Após o ataque japonês a Pearl Harbor, a Holanda havia declarado guerra ao Japão no dia seguinte. As Índias Orientais Holandesas eram um alvo atraente para o Japão devido à presença de matérias-primas. A guerra começou com o desembarque japonês no Bornéu em 17 de dezembro de 1941. Entretanto, ficou claro que outras ilhas se seguiriam em breve.

A partir do início de 1942, começaram os preparativos para a defesa. Em Aceh e na Costa Leste (Sumatra do Norte), o Comando Territorial estava nas mãos do Coronel Vic Gosenson desde 1936. No início de fevereiro, o Major-General Roelof Overakker foi transferido de Java Oriental para a Sumatra Central e assumiu o comando militar lá. No sul de Sumatra, o Tenente Coronel L.N.W. Vogelsang estava no comando.

As defesas de Sumatra - como basicamente em todos os outros lugares do arquipélago - estavam fracamente organizadas. Ficou claro que eles tinham poucas chances contra o exército japonês. Devido aos cortes no orçamento, o Royal Dutch East Indies Army (KNIL) tinha

68

poucas armas modernas. Pouco antes da eclosão da guerra, os chamados *partidos de destruição* foram organizados. Estes eram civis indonésios encarregados de destruir importantes pontes, estradas, refinarias de petróleo e outros pontos de apoio antes que caíssem nas mãos dos japoneses. Como um grande número de vp's foi transferido para Java mais cedo, como os combates também eclodiram lá, eles puderam fazer pouco em Sumatra.

Batalha de Palembang

A batalha por Sumatra começou com a Batalha de Palembang. Palembang era um lugar estrategicamente importante por causa da presença de uma refinaria de petróleo. As forças aliadas tinham centrado ali suas defesas aéreas em torno de dois aeródromos. A Real Força Aérea Australiana estacionou 40 bombardeiros Bristol Blenheim e 35 Lockheed Hudsons na ilha. Outras aeronaves das forças aéreas britânicas, australianas e neozelandesas seguiram mais tarde. A KNIL tinha cerca de dois mil homens estacionados ao redor dos aeródromos.

69

Os primeiros ataques aéreos japoneses aconteceram em 6 de fevereiro. Na manhã de 13 de fevereiro, o navio britânico *HMS Li Wo*, comandado pelo tenente Thomas Wilkinson, encontrou o comboio de invasão japonês. Apesar de seu armamento leve, o navio abriu o ataque e colocou um dos navios de transporte japoneses em fogo mais leve, enquanto vários outros foram danificados. Quando ficou sem munição após 90 minutos, Wilkinson deu a ordem de bater no navio de transporte mais próximo antes que seu próprio navio fosse destruído pelo fogo japonês.

Enquanto os aviões aliados atacavam a frota de invasão japonesa, no dia 13 de fevereiro, a força aérea japonesa derrubou algumas centenas de pára-quedistas. Cento e oitenta japoneses desembarcaram entre Palembang e Pangkalan Benteng e mais de 90 a oeste da refinaria de petróleo em Pladju. Duas horas após o primeiro pouso, outros 60 pára-quedistas foram largados perto do aeródromo. Eles não conseguiram tomar o aeródromo, embora a refinaria de petróleo tenha caído em suas mãos sem sofrer danos. Um contra-ataque apressado por membros das tropas Landstorm e antiaéreas foi bem-sucedido na medida em que o complexo foi retomado.

70

Pouco mais veio da destruição pré-planejada da refinaria, no caso de um ataque japonês.

Da ABDACOM, a estrutura de comando conjunta dos Aliados, foi ordenado que os aviões aliados se desviassem para Java, onde um grande ataque japonês era esperado. Outros militares foram evacuados via Porto Oriental em direção a Java ou às Índias Orientais Britânicas. Isto marcou a queda de fato de Palembang.

A luta no centro e norte de Sumatra

No centro de Sumatra, o Major-General Overakker, que tinha cerca de 2.500 a 3.000 soldados KNIL à sua disposição, sentiu que tinha muito poucos homens para defender tanto a costa leste quanto a costa oeste da ilha. Ele decidiu, portanto, concentrar suas tropas na costa oeste e depois retirar-se lentamente para Emmahaven e Pedang para defender os portos de lá. Gosenson no norte de Sumatra tinha apenas cerca de mil soldados à sua disposição.

Os eventos fora do controle dos holandeses em Sumatra determinaram seu destino. Durante as várias batalhas navais, a maior parte da frota Aliada foi destruída. Em
71

Java, a ilha principal do arquipélago, o KNIL foi invadido pelos japoneses. Em 9 de março, eles se renderam sob o comando do tenente-general Hein ter Poorten. Em Sumatra, o Major-General Overakker e o Coronel Gosenson haviam concordado previamente em lutar em caso de capitulação. O plano era retirar-se para o Vale do Alas, uma área montanhosa acidentada perto de Blangkedjeren, e iniciar uma guerra de guerrilha a partir daí.

Certamente em um Aceh, inclusive durante a Guerra de Aceh, os holandeses tinham feito muitos inimigos. A major Fujiwari Iwaiwchi tinha estabelecido uma organização nacionalista em Malaca em dezembro de 1941, que agora se opunha ativamente aos holandeses. Além disso, as tropas vindas do sul tiveram que percorrer longas distâncias. Portanto, poucos soldados da KNIL conseguiram alcançar o vale.

Os primeiros japoneses, pertencentes ao 25º Exército, puseram os pés no Norte de Sumatra no dia 12 de março. No total, eles totalizavam cerca de dez mil homens. Eles capturaram rapidamente grandes partes da costa nordeste e depois se deslocaram para o interior. As forças japonesas também poderiam contar com o apoio aéreo. Portanto, logo ficou claro para Gosenson e Overakker que sua missão não tinha nenhuma chance de sucesso. Eles se renderam em Kutatjane no dia 28 de março, deixando Sumatra inteiramente em mãos japonesas.

Batalha de bornéu

O Bornéu era um alvo atraente. Foi pouco defendida e ofereceu muitas oportunidades para a extração de petróleo. O petróleo foi crucial para que o Japão sustentasse a guerra a longo prazo. Além disso, a captura do Bornéu foi necessária para controlar as principais rotas marítimas para ilhas como Java, Sumatra e Celebes.

Forças aliadas unidas sob uma estrutura de comando conjunta chamada ABDACOM (American-British-Dutch-Australian Command) em dezembro de 1941. O Marechal da Força Aérea Robert Brooke-Popham havia enviado várias unidades do exército para Bornéu no final de 1940. Estes estavam estacionados principalmente nos arredores de Kuching. A força total do exército tinha um tamanho de cerca de 1.050 soldados. O governo de White Rajah tinha colocado em campo mais 1.500 homens organizados como os Sarawak Rangers.

As forças holandesas haviam se concentrado em torno do aeródromo Singkawang II, que ficava perto da fronteira com Sarawak. Esse aeródromo foi defendido por mais de 700 homens. Em 25 de novembro, chegaram cinco caças

74

Brewster F2A e 10 bombardeiros Martin B-10. O Serviço Aéreo Naval tinha uma base em Pontianak, com três barcos voadores Dornier Do 24 e protegidos por uma guarnição KNIL composta por quase 500 soldados e liderada pelo Tenente Coronel Dominicus Mars

Lutas

A força principal da força de invasão japonesa, comandada pelo Major-General Kiyotake Kawachguchi, foi formada pela 35ª Brigada de Infantaria. Deixou a Baía de Cam Ranh na Indochina francesa em 13 de dezembro e consistia em 10 navios de transporte. Ela foi escoltada por um cruzador, quatro barcos torpedeiros e um submarino.

75

O grupo de apoio consistia de dois cruzadores e dois torpedos. Os primeiros alvos foram Miri e Seria, duas cidades na costa norte de Bornéu, com grandes campos de petróleo nas proximidades.

Imediatamente após o ataque a Pearl Harbor, os britânicos já haviam procedido à destruição das instalações de mineração de Ollie, mesmo a tempo quando os japoneses chegaram uma semana depois e tomaram ambos os lugares com pouca resistência. Outro alvo era Kuching e aeródromos próximos. No entanto, o comboio para ele foi descoberto e atacado pelos bombardeiros holandeses Martin B-10, mas com poucos danos. Mais bem sucedidos foram os três Dornier Do 24 barcos voadores que se seguiram, embora um tenha sido abatido. Um outro barco voador colocou um impacto direto, afundando o barco-torpedo *Shinonome.* Os dois barcos voadores restantes ainda atacaram os japoneses em Miri nos dias 18 e 19 de dezembro, mas depois recuaram para Sumatra, pois os japoneses haviam descoberto o aeródromo Sinkawang II e imediatamente procederam ao ataque.

Um comboio japonês partiu de Miri em 22 de dezembro em direção a Kuching, mas foi detectado por um barco voador holandês. Isto sinalizou que o submarino holandês, o *Sr. K XIV,* infiltrou-se no comboio na noite de 23 de dezembro e afundou dois navios de transporte, matando centenas de japoneses. Entretanto, a maior parte da força chegou a Kuching e os britânicos presentes ali foram invadidos e tiveram que abandonar a cidade. Os sobreviventes do 15º Regimento de Punjab recuaram para Sinkawang

Na noite seguinte, outro submarino holandês, o *Hr.Ms K XVI,* conseguiu afundar o torpedo japonês *Sagiri* 50 quilômetros ao norte de Kuching. Em 25 de dezembro, o K XVI, por sua vez, foi perseguido até o fundo do mar por um submarino japonês. Todos os 36 membros da tripulação perderam suas vidas. Em 24 e 28 de dezembro, bombardeiros B-10 de Cingapura bombardearam os japoneses em Kuching. Em 26 de dezembro, os bombardeiros aliados afundaram um varredor de minas e um navio de carga.

Enquanto isso, em 31 de dezembro de 1941, uma força japonesa se deslocou mais ao norte para tomar também

Brunei, Labuan e Jesselton (hoje conhecida como Kota Kinabalu). Em 18 de janeiro de 1942, os japoneses desembarcaram em pequenos barcos de pesca perto de Sandakan, o centro governamental do norte de Bornéu. Embora os britânicos tivessem uma força de pouco menos de 650 homens, quase não houve resistência e o governador britânico Charles Robert Smith se rendeu.

Sinkawang também havia caído em 29 de dezembro, após o que as tropas holandesas e britânicas remanescentes se retiraram para a selva e foram para o sul, para Sampit e Pangkalanbun. O Sul e o Centro de Kalimantan, por sua vez, estavam sob ataque do Japão a partir do oeste e leste. Em 29 de janeiro de 1942, Pontianak caiu como a
78

última grande cidade de Bornéu. As últimas tropas aliadas que haviam se refugiado na selva se renderam em 1º de abril de 1942.

Nos dias seguintes, os japoneses lançaram ataques a lugares nas Índias Orientais Holandesas onde se extraía petróleo ou que eram de importância estratégica, como Balikpapan e Pemangkat (Bornéu) e Kendari (Celebes). Em 29 de janeiro, uma força conjunta australiana/holandesa foi derrotada em Ambon, colocando a Austrália ao alcance dos aviões japoneses.

O Timor holandês foi atacado juntamente com o Timor português, detido pelas tropas australianas, em 12 de dezembro de 1942.

As defesas fracas não foram páreo para os japoneses superiormente armados e para o Timor capitulado. Uma tentativa de impedir um desembarque japonês em Java falhou e, em 28 de fevereiro de 1942, tropas japonesas desembarcaram em Eretan Wetan, centro nervoso das Índias Orientais Holandesas. A batalha durou mais de uma semana, e a decisão dos holandeses de defender apenas a Java Ocidental, mais estratégica e economicamente importante, atrasou muito o avanço japonês. No entanto, o encorajado KNIL não pôde impedir que Java caísse também nas mãos dos conquistadores.

No final de fevereiro, os japoneses controlavam a maior parte do Timor holandês e a área ao redor de Dili, no nordeste do país. No entanto, eles não poderiam se mover para o sul e leste da ilha sem medo de ataque. A 2/2ª (empresa independente) estava escondida nas montanhas do Timor Português e iniciou ataques contra os japoneses, apoiada por guias e carregadores timorenses com póneis de montanha timorenses.

Embora os funcionários portugueses permanecessem oficialmente neutros e responsáveis pelos assuntos civis, os colonos e os timorenses portugueses eram em sua maioria simpatizantes dos Aliados, permitindo-lhes utilizar o sistema telefônico local para comunicar-se entre si e reunir informações sobre os movimentos japoneses. Entretanto, eles não podiam entrar em contato com o mundo exterior, o que se devia à falta de equipamentos de rádio que funcionassem.

A ofensiva japonesa

Em agosto, as forças japonesas haviam começado a queimar vilarejos que teriam fornecido ajuda aos Aliados. O comandante da 48ª Divisão do Japão, o Tenente-General Yuichi Tsuchi Tsuchi tinha chegado, para assumir o comando das operações no Timor. Ele deslocou tropas para o leste do Timor holandês para atacar as posições holandesas no centro sul da ilha. A ofensiva terminou em 19 de agosto, depois de capturar a cidade central de Maubisse e o porto sulista de Beco.

No final de agosto, as coisas se complicaram quando uma rebelião contra os portugueses irrompeu entre a população indígena, iniciando um conflito paralelo. Os japoneses também estavam recrutando um grande número de civis timorenses como batedores para observar e transmitir os movimentos aliados.

Em setembro, a parte principal da 48ª Divisão do Japão chegou para assumir a campanha. Os australianos também enviaram reforços em 23 de setembro, na forma da 2/4th Independent Company - conhecida como Lancer Force - com 450 funcionários. O contratorpedeiro *HMAS*

Voyager encalhou no porto sul de Betano durante o desembarque do 2/4 de novembro.

Em outubro, os japoneses haviam conseguido recrutar um número significativo de civis timorenses para lutar, porém, estes sofreram sérias perdas em ataques frontais contra os aliados. Os colonos também foram pressionados para ajudar os japoneses, e pelo menos 26 civis portugueses foram mortos nos primeiros seis meses da ocupação, incluindo autoridades locais e um padre católico. Em 1 de novembro, o Comando Supremo Aliado aprovou a emissão de armas para as autoridades portuguesas.

Em 11-12 de dezembro, o restante da *Sparrow Force* original, exceto alguns oficiais, foi evacuado com vários civis portugueses, pelo destruidor holandês *Hr.Ms. Tjerk Hiddes*.

Nessa época, as chances de um Timor Aliado eram escassas, pois havia agora 12.000 tropas japonesas na ilha e os comandantes estavam cada vez mais em contato com o inimigo.

Os japoneses também desembarcaram na Nova Guiné holandesa, perto da Holanda, e começaram a avançar em

82

direção à parte australiana. Em 23 de janeiro de 1942, os japoneses ocuparam o porto de Rabaul sem encontrar muita resistência. Este porto foi um dos melhores portos naturais do mundo e a chave para controlar o arquipélago de Bismarck. Foi, portanto, rapidamente capturado das forças aliadas desmoralizadas.

Na própria Nova Guiné, a batalha se tornou cada vez mais feroz: os japoneses encontraram pela primeira vez uma forte resistência em sua guerra de conquista. Em 8 de março, os japoneses conseguiram ocupar as cidades de Lae e Salamaua com pouca dificuldade, assumindo o controle de todo o norte da Nova Guiné. Uma rota de abastecimento, a Trilha Kokoda, uma passagem da montanha através da selva sobre as montanhas Owen Stanley, era a única linha de vida dos Aliados.

Ao mesmo tempo, uma força japonesa desembarcou nas Ilhas Salomão, ao leste da Nova Guiné, e as tropas britânicas ali presentes tiveram que capitular. Este foi o fim da expansão japonesa: eles não conseguiram capturar o sul da Nova Guiné holandesa e as ilhas defendidas entre as Ilhas Salomão e a Nova Guiné.

Ponto de viragem da guerra

Guam e Wake foram de grande importância estratégica e militar no Pacífico. A América tinha uma base naval e aérea lá, permitindo cobrir grande parte do Pacífico central com bombardeiros, uma séria ameaça às posições japonesas avançadas em torno das Ilhas Gilbert e das Ilhas Marshall.

Guam foi atacado por forças japonesas esmagadoras e, após apenas dois dias, teve que abandonar sua resistência contra o inimigo que o cercava por toda parte. Wake conseguiu resistir ao primeiro pouso japonês fraco, e os aviões das Ilhas Wake realizaram mais alguns bombardeios sobre as Ilhas Mariana, mas depois vieram sete torpedeiros e lançaram um bombardeio após o qual um esquadrão japonês mais forte aterrissou.

Após o ataque bem sucedido a Pearl Harbor, o Japão queria uma base no Pacífico central. Uma invasão do Havaí, apesar do sucesso de 7 de dezembro de 1941, foi descartada por enquanto. A meio caminho, quase na metade da linha Tokyo-Hawaii, era uma excelente alternativa. No início de junho de 1942, uma enorme frota japonesa partiu para capturar o pequeno arquipélago com seu grande valor estratégico. Ao mesmo tempo, uma frota partiu para capturar os Aleutianos. Entretanto, os americanos haviam decifrado o código secreto japonês e estavam prontos com caças e bombardeiros do aeródromo de Midway e os três porta-aviões restantes, *Enterprise*, *Hornet* e *Yorktown*.

Em 5 de junho de 1942, teve lugar a Batalha de Midway. Os americanos surpreenderam completamente os japoneses. No entanto, o Almirante Nimitz dos EUA precisou de um pouco de sorte para repelir o ataque japonês. Os porta-aviões japoneses foram atacados enquanto seus decks estavam cheios de aviões e bombas totalmente reabastecidos. Seis acertos foram suficientes para destruir dois transportadores japoneses. No final do dia, os americanos afundaram mais dois porta-aviões. Os japoneses então cancelaram a invasão de Midway. No entanto, os japoneses conseguiram bombardear eles mesmos Midway com bombardeiros que haviam decolado de seus transportadores mais cedo naquele dia.

A vitória americana em Midway foi a primeira vez que os Aliados conseguiram deter o Japão. A meio caminho,

85

portanto, marcou o ponto de viragem da guerra no Pacífico. Enquanto isso, os japoneses conseguiram anexar algumas ilhas dos Aleutianos, mas estas foram gradualmente reconquistadas após a retirada equivocada dos japoneses na Batalha das Ilhas Komandorski.

Os japoneses não desistiram e lançaram um ataque contra as Ilhas Salomão, uma série de ilhas a nordeste da Austrália. Conhecendo os códigos japoneses para o tráfego de rádio, os americanos sabiam da invasão e enviaram para lá uma grande frota para repelir o ataque. No Mar de Coral, as duas frotas se enfrentaram em maio de 1942, derrotando os japoneses.

A batalha no Mar de Coral

A Batalha do Mar de Coral, no início de maio de 1942, pode ser vista como um ponto de viragem na Segunda Guerra Mundial de várias maneiras. Foi a primeira batalha naval na qual porta-aviões atacaram uns aos outros e a primeira batalha naval na qual nenhum dos navios viu o outro. A batalha também marcou o ponto em que o avanço japonês no Pacífico foi interrompido pela primeira vez.

Antecedentes

Tendo invadido grandes partes do sudeste asiático em poucos meses, o império japonês estava no auge de seu poder militar. Os Aliados ainda estavam cambaleando a partir de uma série de derrotas. Eles estavam tentando juntar o equipamento e as habilidades necessárias para sobreviver e um dia atacar de volta. A estratégia Aliada se concentrou em uma construção defensiva do Exército e do Corpo de Fuzileiros Navais dos EUA na Nova Caledônia e das forças aéreas e terrestres australianas em Port Moresby no sul da Nova Guiné.

Em abril de 1942, as forças japonesas partiram de sua base de apoio em Rabaul para uma dupla invasão anfíbia em Port Moresby (Operação MO), e em Tulagi nas Ilhas Salomão. O objetivo era triplo: obter o controle das Ilhas Salomão, tomar Port Moresby (a última base entre o Japão e o continente australiano) e forçar os porta-aviões americanos a combater pela primeira vez na guerra.

Os historiadores estão divididos quanto ao objetivo de longo prazo do Japão. Parece não haver dúvidas de que eles viram as Ilhas Salomão como um baluarte contra futuros contra-ataques americanos. Também parece plausível, que eles tinham em mente uma invasão do norte da Austrália. No entanto, existem dúvidas consideráveis sobre os objetivos japoneses a longo prazo. A prática do planejamento japonês era complexa, com áreas de responsabilidade mal definidas, e debates amargos entre o exército e a marinha.

Várias frotas navegaram: as forças de invasão para as Ilhas Salomão e Port Moresby, e uma frota de proteção composta por dois novos e grandes porta-aviões (*Shokaku* e *Zuikaku*, ambos veteranos do Ataque a Pearl Harbor), um porta-aviões menor (*Shoho*), dois cruzadores pesados,

89

e aeronaves de apoio. Ao escutar as mensagens de rádio, os Aliados sabiam que as aeronaves japonesas baseadas em terra estavam sendo deslocadas para o sul e que uma grande operação era iminente.

Eles foram capazes de contrariar isso com três frotas: USS *Yorktown* (CV-5) já presente no Mar de Coral sob o comando do Almirante Frank Jack Fletcher, USS *Lexington* (CV-2) a caminho daqui, e uma frota de navios de superfície. Os porta-aviões USS *Hornet* (CV-8) e USS *Enterprise* (CV-6) estavam se dirigindo para o sul após o Doolittle Raid em Tóquio, mas chegaram tarde demais para se juntar à batalha.

A batalha

1-6 de maio

A *Lexington* chegou à *cidade de York* em 1º de maio. Os japoneses ocuparam Tulagi sem oposição em 3 de maio, e começaram a construir um aeródromo. Depois de tomar combustível, a *cidade de York* rumou em direção a Tulagi e realizou vários ataques bem-sucedidos a navios e aeronaves japonesas em 4 de maio. Como resultado, os americanos traíram a presença de seu porta-aviões, mas

90

afundaram o contratorpedeiro japonês *Mikazuki*. Sua capacidade de realizar vôos de reconhecimento da ilha foi danificada. Depois disso, o *Yorktown retirou-se* para o ponto de encontro acordado com a *Lexington* e os cruzadores recém-chegados. Enquanto isso, dois grandes porta-aviões japoneses se aproximaram do sul, deixando a frota americana presa entre duas frotas japonesas.

Os B-17s em terra atacaram a frota de Port Moresby se aproximando da invasão em 6 de maio, mas em vão. (Levaria quase mais um ano até que se reconhecesse que os voos de bombardeio de alto vôo em navios em movimento não tinham objetivo). Embora ambas as frotas tenham realizado muitos vôos de reconhecimento em 6 de maio, elas não conseguiram se localizar naquele dia, em parte devido à cobertura de nuvens. Durante a noite, as duas frotas se encontravam a mais de 100 km de distância. Outras aeronaves aliadas se misturaram na batalha a partir de bases aéreas em Cooktown e Iron Range na Península do Cabo York.

6-7 de maio

91

Naquela noite, Fletcher tomou a difícil decisão de mandar embora seus principais navios de superfície sob o comando do almirante australiano John Crace para bloquear a rota mais provável da frota de invasão japonesa para Port Moresby. A frota do Crace consistia nos cruzadores HMAS *Austrália*, USS *Chicago* (CA-29), HMAS *Hobart* e os destruidores USS *Perkins*, USS *Walke* e USS *Farragut*. Ambos Fletcher e Crace perceberam o risco, que com isso, este esquadrão, sem proteção aérea exposto aos ataques dos aviões japoneses terrestres, arriscava sofrer o mesmo destino que os navios de guerra britânicos HMS *Prince of Wales* e HMS *Repulse* cinco meses antes.

Seus temores foram percebidos quando o esquadrão foi avistado por um esquadrão de bombardeiros torpedeiros japoneses na tarde de 7 de maio e sofreu uma série de ataques aéreos intensos.

Por sorte ou habilidade, os navios Aliados escaparam, perdendo o *USS Neosho (AO-23)* e o *USS Sims*. Alguns minutos após o ataque japonês, o esquadrão foi atacado por engano pelos B-17s americanos. Mais uma vez, o *Farragut* e o *Perkins* escaparam sem danos.

Os aviões de reconhecimento americanos avistaram a frota de invasão japonesa com o pequeno porta-aviões japonês *Shoho*. Isto foi confundido com a principal frota japonesa, e Fletcher empregou 53 bombardeiros, 22 aviões torpedo e 18 caças para um ataque. O *Shoho* foi afundado neste ataque.

8 de maio

Na manhã de 8 de maio, os japoneses tinham a vantagem. Uma cobertura de nuvens baixas pairava sobre seus porta-aviões, o que dificultaria a busca da aeronave aliada. Os porta-aviões da Fletcher navegaram sob céus sem nuvens.

No entanto, as aeronaves de reconhecimento de ambos os lados encontraram as frotas um do outro em sucessão bastante rápida. Imediatamente após isto, ambas as forças lançaram um ataque aéreo contra os porta-aviões do outro lado. As duas ondas de aeronaves passaram uma pela outra sem serem notadas. Escondido na chuva, o *Zuikaku* escapou do reconhecimento, mas o *Shokaku* foi atingido por três bombas. Em caso de incêndio, o *Shokaku* não pôde embarcar em sua aeronave de volta. Ela foi posta fora de ação.

Os dois porta-aviões americanos foram atingidos no ataque japonês: o *Yorktown* por uma bomba, o *Lexington* maior e menos manobrável tanto por bombas quanto por torpedos. Ela sobreviveu aos danos iniciais, e foi avaliada como reparável. Uma hora depois, porém, o combustível do jato explodiu e o navio teve que ser abandonado e torpedeado para evitar cair em mãos japonesas.

A força do Crace permaneceu em posição entre a frota de invasão japonesa e Port Moresby. Inoue, enganado por relatos errôneos de aeronaves sobre a força do esquadrão aliado, ordenou que a força de invasão voltasse para trás.

Impacto histórico

- Em termos táticos, os japoneses obtiveram uma vitória marginal: perderam um pequeno porta-aviões e os americanos um grande. Ambos ainda sofreram pesados danos a um de seus grandes transportadores, mas para os Aliados foi um impulso: após cinco meses de derrotas contínuas, houve finalmente uma batalha na qual eles deram golpes em condições de igualdade.
- O estímulo ao moral foi extremamente importante: deu aos americanos confiança de que poderiam derrotar o Japão.

- O desembarque do mar em Port Moresby foi impedido. Moresby formou um ponto vital na estratégia Aliada, e ainda não podia ser defendido pelas forças terrestres ali estacionadas. A perda de Port Moresby teria quase certamente significado uma invasão e possivelmente até mesmo a perda da Austrália.

- Como resultado do desembarque evitado do mar, o Japão foi forçado a tentar tomar Port Moresby por terra. Este atraso foi suficiente para permitir a chegada da experiente *Segunda Força Imperial Australiana*. Estes lutaram posteriormente na campanha Kokoda Track e na Batalha da Baía de Milne. Isto aliviou a pressão sobre Guadalcanal.

- Sem uma base na Nova Guiné, o avanço dos Aliados no Pacífico teria sido mais caro e demorado do que agora.

- A perda do *USS Lexington* foi um sério golpe, mas os americanos foram capazes de absorver as perdas mais rapidamente do que o Japão.

- A Marinha dos EUA aprendeu muito com esta batalha. Com a perda do *Lexington,* a Marinha aprendeu melhores maneiras de armazenar combustível de aviação em porta-aviões. Também melhorou o controle da tela da aeronave defensiva ao redor dos porta-aviões. Dos ataques aos porta-aviões japoneses, seguiram-se lições valiosas sobre a coordenação de bombardeiros de mergulho e torpedos-bomba (tarde demais para a Batalha de Midway, mas úteis a longo prazo).

- O *USS Yorktown* retornou a Pearl Harbor.
- Embora tenha sido estimado que o conserto da *cidade de York* levaria meses, as tripulações de Pearl Harbor realizaram uma proeza muito importante ao ter seu estado de navegabilidade novamente em um tempo muito curto. Como resultado, durante a batalha mais importante de Midway, ela esteve presente novamente. Esta presença se mostrou decisiva (três porta-aviões em vez de dois).
- Como o *Shokaku* foi danificado e o *Zuikaku* estava com falta de aeronaves, nenhum deles pôde participar da batalha crucial de Midway um mês depois.
- Embora a *Zuikaku* tenha sido apenas ligeiramente danificada, e ela ainda carregava 40 aeronaves, ela teve que voltar ao Japão para reparos. *O* conserto *do Shokaku* levou seis meses. Nenhum

dos dois esteve presente na Batalha de Midway. A ausência de *Zuikaku* e *Shokaku* em Midway foi fatal para o Japão, como aconteceu depois: dois porta-aviões a menos no lado japonês.

- O Japão ainda poderia absorver a perda de aeronaves e até mesmo de porta-aviões, mas nunca compensaria a perda de seus pilotos mais experientes e treinados.

Batalha de Guadalcanal

A **Batalha de Guadalcanal**, também conhecida pelo nome de código **Operação Sentinela**, durante a Segunda Guerra Mundial, levou à captura pelas forças norte-americanas da ilha japonesa de Guadalcanal (parte das Ilhas Salomão Britânicas no Oceano Pacífico) em 1942.

Houve 24.000 mortos japoneses e 6.000 americanos - um número limitado em comparação com outras batalhas. A campanha foi marcada por lutas cruéis e uma série de estreias:

- Primeira derrota das forças terrestres japonesas

- o primeiro desembarque anfíbio pelas forças americanas desde 1898
- Variedade de combate (ação da frota, bombardeio costeiro, táticas de guerrilha, guerra terrestre, combate aéreo)

Introdução

Guadalcanal está no meio da cadeia alongada das Ilhas Salomão ao norte da Austrália.

A Marinha Imperial Japonesa queria transformar as Ilhas Salomão em uma grande base estratégica e em 1942 iniciou um programa para ocupar todas as ilhas e construir aeródromos aqui para os bombardeiros de patrulha terrestres.

Guadalcanal se tornaria a base principal no meio da cadeia. Se tivessem sucesso, os navios aliados entre os EUA e a Austrália teriam que fazer um longo desvio ao longo do sul. O Japão já tinha uma base em Rabaul, no norte da cadeia da ilha.

Uma e outra vez, os adversários trouxeram reforços; ninguém quis pensar em perder esta batalha. Os japoneses ocuparam Guadalcanal em julho de 1942, como uma estação de caminho para Austrália e Havaí; os americanos (especificamente o almirante Ernest King, chefe de operações) queriam usá-la como base para seu avanço para noroeste. No início, o Almirante Isoroku Yamamoto, comandante da frota japonesa, não percebeu suficientemente a importância deste confronto e os recursos que ele exigiria.

A perda de Guadalcanal significava para os japoneses que eles estavam em posição defensiva e os americanos

101

podiam usar a ilha como trampolim para o avanço sobre o
Japão.

Operação Torre de Vigilância

O General Alexander Vandegrift foi nomeado comandante
das forças terrestres americanas apenas cinco semanas
antes do início do ataque em uma batalha que levaria à
evacuação da ilha pelos japoneses. No período entre
agosto de 1942 e fevereiro de 1943, houve uma série de
confrontos por terra, mar e ar que são detalhados abaixo.

- o desembarque em 7 de agosto de 1942
- Batalha naval ao largo da ilha de Savo em 9 de
  agosto de 1942, uma primeira tentativa fracassada
  da marinha japonesa de expulsar os americanos,
  apesar de suas pesadas perdas.
- Em 18 de agosto, o Coronel Kiyono Ichiki pousou
  na ilha com 950 homens. Um ataque banzai de
  três frentes por estas tropas de elite matou mais
  de 700 japoneses. O Coronel Ichiki cometeu
  harakiri.
- Na batalha naval ao largo das Ilhas Salomão do
  Leste, em 24 de agosto, o porta-aviões norte-

americano *USS Enterprise (CV-6)* foi seriamente danificado. Os japoneses perderam seu porta-aviões Ryujo, entre outros.

- Em 12-14 de setembro, o Coronel Mike Edson repeliu um ataque de 7.000 japoneses liderado pelo Major General Kiyotake Kawaguchi. Este confronto foi mais tarde chamado de *Batalha da Colina Sangrenta.* O bombardeio aéreo pesado de Henderson Field e os bombardeios com armas navais o precederam.

- Em 15 de setembro, o porta-aviões *Wasp* foi perdido em um ataque submarino. O cruzador pesado da Carolina *do Norte* sofreu um golpe de torpedo. 4.000 soldados americanos a bordo de navios de transporte desembarcaram em segurança.

- O Tenente-General Haruyoshi Hyakutake pousou 20.000 homens em 9 de outubro. Vandergrift viu sua força ser reforçada por 4.000 soldados.

- A Batalha Naval do Cabo Esperança, em 11-12 de outubro, terminou com ligeira vantagem americana. No entanto, a Marinha dos EUA conseguiu atrasar mas não impedir os contínuos desembarques das tropas japonesas (por pouco

103

chamadas de *Tokyo Express* pelos Fuzileiros Navais).

- Em 13 de outubro, Henderson Field foi novamente bombardeado pela artilharia naval e por *Pistol Pete* (uma peça de artilharia pesada de campo). Em oitenta minutos, 918 conchas de calibre pesado atingiram o aeródromo, tornando-o inutilizável.

- Hyakutake fez novos planos para lançar um ataque em três frentes de diferentes direções em Henderson Field no dia 18 de outubro. A marinha e a força aérea japonesa prestaram apoio. As dificuldades no transporte de armas através da selva e a chuva incessante causaram um atraso até 24 de outubro. Unidades comandadas pelo General Sumioyosji, desconhecedores do adiamento, lançaram seu ataque em 23 de outubro. 650 japoneses foram mortos. O ataque da Divisão Senda foi repelido no dia seguinte (mais de 900 japoneses mortos). A artilharia naval, bombardeiros e *Pistol Pete* descascaram as posições americanas em 25 de outubro (domingo). À noite, as tropas terrestres japonesas atacaram novamente; novamente sem sucesso. A partir de 29 de outubro, eles começaram a se retirar.

- Outro confronto entre as marinhas japonesas e americanas ocorreu na noite de 25-26 de outubro (Batalha das Ilhas Santa Cruz). Os americanos perderam o porta-aviões *Hornet*, o destroyer *Porter* e 74 aeronaves. O porta-aviões *Enterprise* e o *Dakota do Sul* foram danificados. Os japoneses perderam 100 aeronaves. Seus porta-aviões *Shokaku* e *Zuiho*, o cruzador pesado *Chikuma*, e o destruidor *Terutsuki* foram muito danificados.

Contra-ofensiva aliada

Agora os Aliados tinham a vantagem de poder escolher onde seria o próximo ataque, mas havia uma dicotomia no campo Aliado. Os Estados Unidos queriam um ataque direto à Micronésia para empurrar para o próprio Japão. Depois de capturar a Micronésia, eles queriam avançar mais até as Ilhas Marianas, depois Okinawa e depois através de uma armada de navios e aviões para o Japão propriamente dito. Os outros aliados queriam que a ameaça às suas próprias fronteiras fosse removida primeiro, libertando primeiro o sudeste asiático dos japoneses. Foi decidido implementar ambas as estratégias: os britânicos começaram a reconquista da Birmânia, os chineses entraram no Japão-China, e os americanos avançaram para a Micronésia.

A resistência dos japoneses era muito forte, e eles lutavam por cada metro de terra. A Micronésia foi conquistada, e depois também a Birmânia e partes da China oriental. Os Aliados estavam cada vez mais próximos do Japão, e a resistência dos japoneses era cada vez mais fraca, a frota e a força aérea sofreram pesadas perdas, e os pilotos japoneses instituíram suas táticas kamikaze, derrubando seus aviões diretamente contra os navios Aliados.

Quando Guam foi finalmente recapturado em agosto de 1944, os pesados bombardeiros B-29 conseguiram atacar o Japão da ilha, e uma longa série de ataques a cidades japonesas começou, destruindo toda a infra-estrutura do país, embora não tenha quebrado o moral dos japoneses, como esperado.

Em fevereiro de 1945, os americanos pousaram em Iwo Jima com o objetivo de tomar os dois aeródromos da ilha. Depois de pesadas lutas, Iwo Jima foi levado um mês depois. Em abril, os americanos desembarcaram na ilha de Okinawa, diretamente ao sul das principais ilhas do Japão. Seguiu-se uma terrível batalha, com os japoneses fazendo todas as paradas para segurar a ilha, com o kamikaze também sendo usado extensivamente. Após amargas lutas, os últimos japoneses se renderam em 23 de junho.

O desembarque em Iwo Jima

O desembarque em Iwo Jima (codinome Operação
Destacamento) foi uma operação de desembarque
americana na ilha de Iwo Jima em fevereiro de 1945 que
fez parte dos combates no Oceano Pacífico entre os
Estados Unidos e o Japão Imperial durante a Segunda
Guerra Mundial.

Os americanos queriam usar o Iwo Jima como base para
seus ataques (aéreos) contra o Japão. Eles conseguiram
capturar a ilha dos japoneses, ganhando o controle dos
três aeródromos de lá, os únicos entre o Japão e as Ilhas
Marianas e a 1250 km de Tóquio. Os japoneses tinham
usado isto para interceptar bombardeiros americanos no
caminho de e para seus bombardeios ao Japão, e agora
os americanos podiam usar a ilha como base para
ataques ao Japão continental.

Prever

Na época do ataque a Pearl Harbor, o exército japonês
tinha uma guarnição de 3.700-3.800 homens estacionados
em Chichi-jima. Além disso, um efetivo naval de 1.200
homens estava baseado na base naval de Chichi-jima.
108

Esta consistia de uma base de hidroaviões, uma estação de rádio e meteorologia e várias embarcações leves, como varredores de minas, caças submarinos e barcos de patrulha.

Em Iwo Jima, a marinha tinha construído um aeródromo a 1,5 a 2 km do Monte Suribachi. 1.500 pessoas da aviação naval e 20 aeronaves constituíram a ocupação do aeródromo.

Após a perda das Ilhas Marshall e os devastadores ataques aéreos contra Truk nas Carolinas em fevereiro de 1944, os líderes militares japoneses reconsideraram a situação. Toda a inteligência indicou um próximo ataque dos EUA contra as Ilhas Marianas e as Carolinas. Como medida contra isso, eles formaram uma linha de defesa interna que se estende das Carolinas às Marianas, e de lá às Ilhas Bonin. Em março de 1944, o 31º Exército Japonês foi formado sob o comando do General Hideyoshi Obata para comandar esta linha de defesa interna. O comandante da guarnição Chichi-jima tornou-se comandante nominal do exército e das unidades da marinha nas Ilhas Bonin.

109

Percebendo muito bem, após a perda das Ilhas Marianas no verão de 1944, que a perda das Ilhas Bonin significaria uma intensificação dos bombardeios na pátria japonesa, tanto a marinha como o exército enviaram reforços para Iwo Jima. Quinhentos reforços navais e quinhentos reforços do exército chegaram em março e abril de 1944. Junto com os reforços de Chichi-jima e das ilhas de origem, a força das defesas cresceu para cinco mil homens com treze peças de artilharia e duzentas metralhadoras leves e pesadas. Além disso, a defesa tinha doze pistolas antiaéreas pesadas, pistolas antiaéreas de 120 mm e trinta pistolas antiaéreas de cano duplo de 25 mm.

Os planos de defesa japoneses foram complicados pela incapacidade da Marinha de impedir efetivamente os desembarques após a derrota devastadora de sua frota na Batalha do Golfo de Leyte. Além disso, as perdas aéreas eram tão pesadas que, sem contar até mesmo os atrasos causados pelos ataques aéreos, levaria até março ou abril de 1945 antes que os japoneses recuperassem três mil aeronaves. Mesmo assim, estas aeronaves não podiam ser utilizadas sobre o Iwo Jima, pois a ilha estava fora do alcance das aeronaves japonesas. E que aeronaves eram muito necessárias em Formosa e nas ilhas vizinhas, onde pelo menos bases aéreas suficientes estavam disponíveis.

Em um estudo pós-guerra, os funcionários japoneses descreveram a estratégia na defesa do Iwo Jima da seguinte forma:

Diante da situação acima, reconhecendo que era impossível realizar operações aéreas, terrestres ou marítimas que levassem a uma eventual vitória, foi decidido que, para ganhar tempo para se preparar para a defesa da pátria (japonesa), nossas forças tinham que contar exclusivamente com as defesas disponíveis da área e o objetivo era o de retardar o avanço do inimigo.

Era um pensamento aterrador que mesmo ataques suicidas de pequenos grupos de aeronaves navais e do exército, ataques surpresa de submarinos e aterrissagens de pára-quedistas seriam incapazes de explorar oportunidades estratégicas ocasionais.

Mesmo antes da queda de Saipan, em junho de 1944, os japoneses sabiam que o Iwo Jima precisava ser reforçado. No final de maio, o general Hideki Tojo informou ao tenente-general Tadamichi Kuribayashi no gabinete do
111

primeiro-ministro que havia sido escolhido para defender
Iwo Jima até o final. Kuribayashi enfatizou a importância
desta tarefa: os olhos de todo o Japão estavam sobre ele.
Em 8 de junho, Kuribayashi partiu para o que seria sua
última missão.

Nos primeiros dias de 1945, o Japão enfrentou a
perspectiva de uma invasão Aliada. Os bombardeios
diários das Ilhas Marianas, parte da Operação Scavenger,
causaram danos devastadores. Iwo Jima serviu como
estação de alerta. Por rádio, a chegada dos bombardeiros
americanos foi comunicada ao Japão. As defesas aéreas
japonesas estavam então prontas quando os
bombardeiros aliados chegaram.

O desembarque foi planejado pelos Aliados porque havia
um intervalo de dois meses no cronograma entre o
desembarque em Leyte, nas Filipinas, e o desembarque
em Okinawa. Isto não foi considerado aceitável.

Preparativos japoneses

O General Kuribayashi chegou em Iwo Jima entre 8 e 10
de junho de 1944. Oitenta aviões de caça estavam
presentes na sua chegada, mas no início de julho apenas
112

quatro deles permaneceram. Uma unidade naval dos Estados Unidos desbastou a ilha de perto durante dois dias. Nenhum prédio permaneceu intacto. As últimas quatro aeronaves também foram destruídas.

Para a surpresa da guarnição, nenhuma invasão foi seguida no verão de 1944. Entretanto, havia poucas dúvidas de que os americanos lançariam uma invasão. Era evidente que, na ausência de apoio aéreo e naval, a queda da ilha era inevitável, mas o General Kuribayashi estava determinado a fazer o adversário pagar o preço mais alto possível por ela. Como primeiro passo, ele ordenou a evacuação de todos os civis, algo que foi concluído até o final de julho.

O predecessor de Kuribayashi, Tenente-General Hideyoshi Obata, em linha com a doutrina dominante de que as invasões deveriam ser interrompidas diretamente na orla marítima, tinha reforçado a linha costeira com bunkers e artilharia. Ao invés de uma tentativa fútil de segurar as praias, ele as defendia apenas com armas leves. Toda a artilharia, argamassas e foguetes foram colocados aos pés e encostas do vulcão Suribachi e em terrenos altos ao norte.

113

A defesa a longo prazo da ilha exigiria um sistema elaborado e bem pensado de túneis em diferentes níveis, já que o bombardeio costeiro havia mostrado que os edifícios não suportariam o bombardeio da artilharia naval. Engenheiros do Japão foram empregados para projetar os túneis e cavernas de modo que o ar fresco estivesse presente mesmo durante o bombardeio prolongado.

Ao mesmo tempo, os reforços começaram a chegar à ilha. Kuribayashi decidiu transferir a 2ª brigada mista de cinco mil homens de Chichi para Iwo. Após a queda de Saipan, 2.700 homens do 145º regimento de infantaria do Coronel Masuo Ikeda foram transferidos para Iwo Jima. Estes reforços elevaram a força numérica para 12.700 homens em julho e agosto. Um batalhão de engenheiros de 1.233 homens iniciou a construção dos bunkers e outras fortificações.

Em 10 de agosto, o Almirante Toshinosuka Ichimaru chegou, seguido pouco depois por 2.216 navais. Chegaram então as unidades de artilharia e cinco batalhões anti-tanque. Embora muitos navios de abastecimento tenham sido afundados por submarinos e aviões americanos a caminho do Iwo Jima, muitos equipamentos chegaram à ilha durante o verão e o outono de 1944.

No final de 1944, Kuribayashi tinha 361 peças de artilharia de 75 mm ou mais pesadas disponíveis. Além disso, ele tinha uma dúzia de argamassas de 320 mm, 65 argamassas médias (150 mm) e leves (81 mm), 33 peças de artilharia marinha de 80 mm e 94 armas antiaéreas de 75 mm ou mais. Além disso, existiam duzentas armas antiaéreas de 20 e 25 mm, e 69 armas antitanque. O poder de fogo desta artilharia foi aumentado por setenta lança-foguetes de vários tamanhos, incluindo um gigante que pesa mais de quinhentos quilos, com um alcance de sete quilômetros.

O 26º regimento de tanques foi torpedeado no caminho para Iwo Jima e perdeu todos os seus 28 tanques. Os 600 homens chegaram em segurança. Novos tanques foram encomendados no Japão e 22 chegaram em dezembro. A intenção do Coronel Nishi era de implantar seus tanques onde quer que a situação ameaçasse ficar fora de controle. A natureza montanhosa da ilha impediu tal uso e os tanques foram cavados.

115

Toda a artilharia foi construída em bunkers de concreto robusto pelos japoneses. Os japoneses descobriram que se podia fazer concreto de excelente qualidade a partir de cinza vulcânica preta com cimento. Os bunkers próximos à praia tinham todos uma espessura de parede de um metro. Uma extensa rede de passagens subterrâneas, bunkers e fortificações proporcionou às tropas japonesas um excelente abrigo contra ataques aéreos e bombardeios de navios. Aqui, foi dada muita atenção à ventilação (a natureza vulcânica da ilha produziu muito gás sulfuroso) e às saídas múltiplas, de modo que, após um bombardeio, a tripulação de um bunker não ficasse presa.

O General Kuribayashi estabeleceu sua base de comando na parte norte da ilha. Seus bunkers de comando estavam a mais de vinte metros de profundidade, conectados por túneis de duzentos metros de comprimento. Acima do solo, em um sólido bunker de concreto, setenta telegrafistas trabalhavam em turnos.

A colina 382 foi o ponto mais alto da ilha após o vulcão. Uma estação meteorológica e uma estação de rádio foram construídas aqui. O coronel Chosaku Kaido era o responsável por toda a artilharia da ilha e tinha seu comando próximo à estação de rádio.

O maior projeto foi um sistema de túneis de 27 km de comprimento para conectar todas as principais instalações de defesa. No momento em que os americanos desembarcaram, 13 km disto já haviam sido completados. O trabalho era extremamente duro: a temperatura era de 30 a 50 graus, as pessoas tinham que usar máscaras de gás contra os fumos sulfurosos, e a partir de 8 de dezembro a Força Aérea Americana bombardeou a ilha diariamente. Apesar do bloqueio americano por submarinos e bombardeiros, os reforços não paravam de chegar. Eventualmente, o General Kuribayashi tinha à sua disposição 21.000 a 23.000 homens.

Seu plano de defesa diferia radicalmente de todos os planos anteriores para defender a ilha:

- Para não trair suas posições, a artilharia japonesa não responderia ao bombardeio de navios americanos.
- Não se pegaria os americanos nas praias.

- De 400 a 500 metros no interior, os americanos ficariam sob fogo das armas automáticas no aeródromo e da artilharia no vulcão Suribachi e do alto para o norte.

- Após infligir o máximo de danos, a artilharia do aeródromo seria retirada para o norte.

- Não haveria um grande contra-ataque de *banzai*.

- Uma defesa elástica e sedentária seria conduzida. As tropas japonesas tinham suprimentos para 2,5 meses.

Preparação dos EUA

Em 7 de outubro de 1944, o Almirante Chester W. Nimitz e sua equipe formularam os objetivos da Operação Destacamento. O objetivo geral da operação era contra o Japão para "manter a pressão" e consolidar o controle dos EUA sobre o Pacífico. Com Iwo Jima nas mãos dos EUA, os bombardeiros americanos seriam menos prejudicados em seus bombardeios ao Japão, e a ilha poderia ser usada como base para ataques ao Japão. Os aviões de guerra americanos poderiam dar apoio aos bombardeiros americanos em seus vôos para o Japão, e os bombardeiros danificados poderiam fazer um pouso de emergência em Iwo Jima.

Em 9 de outubro, o General Holland Smith recebeu o estudo do pessoal, acompanhado por uma ordem do Almirante Chester Nimitz para assumir o controle da ilha. A ordem também nomeou os comandantes para a operação.

- O Almirante Raymond Spruance, comandante da Quinta Frota, recebeu o comando da Operação Comandante com a Força Tarefa 50.
- Sob Spruance, o Vice Almirante Richmond Kelly Turner, comandante das forças anfíbias no Pacífico, comandaria a Força Tarefa 51.
- O sub-comandante da Força Expedicionária Conjunta foi o Contra-Almirante Harry W. Hill. O General Holland Smith foi designado como comandante geral das "Tropas Expedicionárias", Força Tarefa 56.

Não foi por acaso que estes indivíduos foram escolhidos para esta operação. Cada um deles havia ganho suas esporas em operações similares anteriores. Foi a equipe

119

que tinha organizado e aperfeiçoado as técnicas anfíbias de Guadalcanal a Guam e das Ilhas Salomão a Tarawa.

As principais unidades da força de desembarque seriam os fuzileiros da 3ª, 4ª e 5ª divisões da Marinha. A terceira divisão já se havia distinguido em Bougainville, nas Ilhas Salomão, e em Guam, nas Ilhas Marianas. A divisão ainda estava se reorganizando no outono de 1944 após os fortes combates em Guam e também estava ativa na limpeza dos últimos bolsões de resistência japoneses na ilha.

O Almirante Spruance assumiu o comando das forças envolvidas no Pacífico central em 26 de janeiro. As 4ª e 5ª divisões da Marinha menos o 26º regimento foram designadas para o desembarque. O 26º regimento era reserva, enquanto a 3ª divisão embarcava de Guam e não desembarcaria até D+3 (três dias após o desembarque inicial).

O cronograma de desembarque era simples: a 4ª e 5ª divisões pousariam na praia oriental, a 4ª à direita e a 5ª à esquerda. A 3ª divisão pousaria mais tarde na mesma praia e desempenharia um papel ofensivo ou defensivo conforme necessário. Um regimento da 5ª divisão foi designado para a captura do vulcão Suribachi ao sul.

Devido ao risco de condições adversas de ondas nas praias do leste, em 8 de janeiro de 1945 foi elaborado um plano alternativo para o desembarque nas praias do oeste. As chances de este plano ser implementado não eram altas, pois os ventos predominantes de norte a noroeste davam ondas perigosas na costa oeste da ilha.

Para o desembarque, a praia oriental foi dividida em faixas de 450 metros (500 jardas) nomeadas da esquerda para a direita como verde, vermelho 1 e 2, amarelo 1 e 2 e azul 1 e 2. Os Fuzileiros da 5ª Divisão pousariam em verde e vermelho 1 e 2, e atravessariam a ilha diretamente até chegar à costa oeste: a ilha era bastante estreita neste ponto. Um regimento tomaria o vulcão Suribachi.

A missão da 4ª Divisão Marítima era tomar o centro da ilha, enquanto seu flanco tinha como alvo o Planalto de Motoyama, o terreno alto com vista para a área de desembarque. A não ser que ambos os alvos, dos quais as praias poderiam ser aleatoriamente desviadas, fossem rapidamente tomados, as baixas entre as forças de desembarque poderiam se acumular rapidamente.

Uma vez assegurada a parte sul da ilha, as duas divisões avançariam em conjunto para o norte. A 3ª Divisão Marinha, inicialmente permanecendo a bordo como reserva, então também iria para terra para acrescentar força ao ataque.

O cronograma detalhado de desembarque, da esquerda para a direita:

- **verde 1:** 28º regimento, Coronel Harry B. Liversedge:

122

- **verde 1:** 27º regimento, Coronel Thomas A. Wornham:
- **amarelo 1 e 2:** 23º regimento, Coronel Walter W. Wensinger: Conquistar o aeródromo de Motoyama
- **azul 1:** 25º regimento, Coronel John R. Lanigan: assistência na captura do aeródromo 1
- 24º regimento, Coronel Walter I. Jordan, em reserva
- 26º regimento, Coronel Chester B. Graham: apoio à 5ª divisão

A artilharia só iria a terra depois de ser ordenada pelo comandante da divisão. O 14º regimento (Coronel Louis G. DeHaven) e o 13º regimento (Coronel James D. Wailer) dariam apoio à 4ª e 5ª divisões, respectivamente.

A operação foi programada para que à hora U 68 embarcações anfíbias de desembarque da primeira onda de ataque chegassem à praia. Esses veículos avançariam para a primeira faixa de terra além da marca de água alta. Esses veículos blindados usariam seus howitzers e metralhadoras para manter o inimigo sob cobertura. Desta forma, a infantaria teria coberto o fogo das próximas ondas de ataque, enquanto corriam de seu barco de

desembarque pela praia. O tempo para o desembarque
dos tanques seria determinado de forma flexível. Seguiu-
se um bombardeio de três dias na ilha, a partir de 16 de
fevereiro.

O desembarque nos EUA

Às 02h00 do dia 19 de fevereiro, os navios de guerra
americanos começaram a bombardear como se no início
do Dia D. Seguiu-se um bombardeio de 100
bombardeiros, após o qual a artilharia naval voltou à ação.
Às 08h30min, o primeiro de 30.000 fuzileiros foi para terra
em Iwo Jima.

Os fuzileiros estavam sob forte fogo do vulcão Suribachi,
no sul da ilha. O terreno em que eles lutaram era
extremamente hostil: cinzas vulcânicas ásperas nas quais
era fácil escorregar, mas nas quais não era possível
escavar. No entanto, à noite, 30.000 fuzileiros tinham ido a
terra e a montanha tinha sido cortada do norte da ilha.
Outros 40.000 fuzileiros seguiriam no decorrer da batalha.

As encostas do vulcão Suribachi tiveram que ser
combatidas metro a metro. O tiroteio foi inútil contra a bem
entrincheirada infantaria japonesa. Os lança-chamas e
124

granadas tiveram que derrubar os bunkers japoneses
peça por peça. Demorou até 23 de fevereiro para chegar
ao cume. Às 10h, os fuzileiros do 28º regimento plantaram
uma bandeira americana no cume.

Este evento foi reproduzido algumas horas depois e uma
das fotografias mais famosas da Segunda Guerra Mundial
foi tirada dela. O fotógrafo Joe Rosenthal da Associated
Press ganhou vários prêmios com esta foto, incluindo o
Prêmio Pulitzer em 1945.

Entretanto, com o hasteamento da bandeira, ainda não
haviam sido tomadas todas as posições defensivas
japonesas sobre o vulcão. Nos dias que se seguiram,
houve uma forte luta. O General Kuribayashi proibiu um
grande contra-ataque quando Ichimaru lhe pediu
permissão para fazê-lo.

125

A área de desembarque tinha sido parcialmente assegurada com a tomada do controle do vulcão. Agora mais fuzileiros e equipamentos pesados estavam chegando a terra. A invasão foi estendida para assumir o controle dos aeródromos e do resto da ilha. Nas semanas que se seguiram, a batalha permaneceu extremamente dura em toda a ilha. Com a coragem tradicional, os japoneses lutaram até a morte. Dos 22.000 defensores, apenas 200 homens foram capturados.

As forças aliadas sofreram 21.000 baixas, incluindo 7.000 mortos. Um quarto da Medalha de Honra concedida aos Fuzileiros dos EUA durante a Segunda Guerra Mundial foi para operações no Iwo Jima. Em 26 de março de 1945, a ilha foi declarada segura.

O almirante Chester W. Nimitz descreveria os combates da seguinte forma: *Entre os homens que lutaram em Iwo Jima, a coragem incomum era um traço comum.*

Impacto

O preço do Iwo Jima era alto de ambos os lados. Entretanto, o preço valeu a pena para os americanos. Ao final da guerra, 2.400 bombardeiros B-29 com 27.000 membros da tripulação haviam feito um pouso de emergência na ilha.

Batalha de Okinawa

A Batalha de Okinawa (japonês: 沖縄戦, *Okinawa-sen*), nome de código Aliado Operação Iceberg, ocorreu de 1 de abril a 22 de junho de 1945 no sul do Japão entre as forças japonesas e americanas.

Os americanos desembarcaram nas pequenas Ilhas Kerama perto de Okinawa em 26 de março de 1945 e na própria Okinawa em 1º de abril. A batalha foi chamada de *tetsu no ame*, "chuva de aço", pelos habitantes locais.
128

Esta batalha introduziu o mundo ao fenômeno kamikaze em larga escala pela primeira vez. Em 23 de junho, os últimos japoneses se renderam após lutas muito amargas.

A localização estratégica de Okinawa

Okinawa é a maior ilha (cerca de 1.200 km²) das ilhas Riukiu, cerca de 600 km a sudoeste das quatro principais ilhas do Japão. Ao contrário de outras ilhas disputadas, como a Iwo Jima, ela tinha uma grande população indígena.

A importância estratégica de Okinawa durante a Segunda Guerra Mundial foi considerável. Os americanos tinham estado "island-hopping", levando uma ilha atrás da outra
129

ao sul do Japão. O controle americano de Okinawa cortaria efetivamente o fornecimento japonês de materiais como petróleo, minério de ferro e borracha do sul, assim como as comunicações entre o continente japonês e as bases japonesas no Pacífico Sul. A ilha também poderia fornecer uma base para um ataque dos EUA às principais ilhas do Japão. Okinawa era também o lar de vários aeródromos e os únicos dois portos razoavelmente grandes entre Formosa e a ilha principal de Kyushu, no Japão.

Okinawa durante a Grande Guerra Asiática

Havia poucas evidências da luta na China, que começou em 1937, na ilha. Nunca havia sido uma área industrial e nunca havia produzido muitos alimentos. A única contribuição de Okinawa residia no fato de que a cana de açúcar era cultivada na ilha, a partir da qual se podia produzir álcool para torpedos e motores. Entretanto, quando os Estados Unidos se envolveram na guerra através do ataque a Pearl Harbor, em 7 de dezembro de 1941, a ilha foi fortificada. Tornou-se uma pedra angular no "muro defensivo" do Japão. Vários aeródromos foram construídos e os portos foram modernizados para acomodar grandes navios de guerra e porta-aviões.

Operação Iceberg

Força das tropas

- As forças norte-americanas no Pacífico já haviam tomado várias ilhas, mais recentemente Iwo Jima e as Filipinas. O Almirante Raymond A. Spruance da Quinta Frota dos EUA tinha mais de 40 porta-aviões, 18 navios de guerra, 200 destruidores e centenas de navios de todos os tipos para apoio (por exemplo, corvetas e navios hospitalares). No total, cerca de 1.300 navios norte-americanos cercaram a ilha. Desses 1.300, 365 eram navios anfíbios.

- O recém-formado 10º Exército americano, que iniciou a batalha por Okinawa em 1º de abril de 1945 com 154.000 homens, consistia em sete das divisões mais duras lutando no Pacífico. O 14º Corpo do General John Hodge compreendia as 7ª e 96ª divisões de infantaria, o 3º Corpo Anfíbio do Major General Roy Stanley Geiger compreendia as

1ª e 6ª divisões de marinha; as 27ª e 77ª divisões de infantaria e a 2ª divisão de marinha constituíam a força de reserva.

- Como em Iwo Jima, a inteligência norte-americana também subestimou a força do inimigo em Okinawa. Isto porque, quando o ataque estava sendo preparado, a ilha ainda estava muito distante para os aviões de reconhecimento americanos. O número de japoneses foi estimado em 65.000, quando se revelou ser mais de 100.000. Os bombardeiros B-29 realizaram a primeira missão de reconhecimento sobre Okinawa e ilhas vizinhas.

- O Exército Imperial Japonês liderado por Mitsuru Ushijima tinha um plano de defesa pronto. Por causa da esmagadora supremacia americana no mar e no ar, foi decidido não lutar nas praias. Quase todo o norte da ilha ficou indefeso, exceto o Monte Yaedake, o aeródromo de Kadena e as bases em Yomitan. Na área montanhosa do sul de Okinawa, entretanto, quatro círculos defensivos, conhecidos como círculos de Shuri, foram estabelecidos onde os japoneses cavaram. Os círculos Shuri eram facilmente defensáveis graças

132

à paisagem acidentada e ao grande número de artilharia japonesa de calibre variável.

A frota chega

Em 10 de outubro de 1944, cerca de duzentas aeronaves bombardearam Naha, a maior cidade e capital de Okinawa, sob as ordens do Almirante Halsey. A cidade foi quase completamente destruída. Em meados de março de 1945, a frota americana se reuniu para bombardear Okinawa. Os primeiros kamikazes também apareceram.

O desembarque

Antes do desembarque do exército, navios da Task Force 52 liderados pelo general Blandy bombardearam as praias com 13.000 cartuchos. Além disso, os bombardeiros Curtis Lemay realizaram 3.000 sorvetes. Desta forma, os americanos esperavam eliminar quase toda a resistência na ilha antes do desembarque propriamente dito. O bombardeio da frota não parou até que os primeiros soldados americanos chegaram a terra, não encontrando quase nenhuma resistência. Ao final do primeiro dia, cerca

133

de 60.000 soldados americanos (duas divisões marítimas
e duas divisões do exército) haviam desembarcado.

Ao mesmo tempo em que a primeira onda de ataques, a
Segunda Divisão de Fuzileiros Navais havia realizado um
ataque de desvio para o sul. No segundo dia, a mesma
ação foi realizada para que os japoneses não pudessem
impedir a formação de uma cabeça de ponte no local de
desembarque. Os americanos rapidamente cruzaram a

ilha e isolaram o sul do norte, ainda sem encontrar nenhuma resistência digna de nota.

O acompanhamento do desembarque foi feito em quatro fases:

- O avanço para a costa leste (1-4 de abril).
- Explorando e tomando a parte norte da ilha (5-18 de abril).
- Tomando as ilhas vizinhas (10 de abril - 26 de junho).
- A batalha atual com o entrincheirado 32º Exército japonês. Esta batalha começou em 6 de abril e só terminou em 21 de junho.

As batalhas

135

A batalha no sul de Okinawa contrastou com a rápida captura do norte da ilha.

Somente quando as 7ª e 96ª divisões de infantaria foram enviadas para o sul, porque os americanos ouviram dos nativos que os japoneses estavam principalmente no sul, começou a verdadeira batalha por Okinawa.

No final, a Batalha de Okinawa tornou-se uma das batalhas mais sangrentas e amargas de toda a guerra.

Embora os americanos tenham encontrado resistência determinada em 5 de abril, o avanço ainda foi capaz de continuar, embora com dificuldade. Em 9 de abril, a resistência foi tão forte que tanto a divisão de Roy Stanley

Geiger quanto a de John Hodge pararam completamente diante de uma posição fortemente defendida no cume do Kakazuberg. Os americanos atacaram durante dias, apoiados pelos bombardeiros da Superforte B-29, mas foram continuamente repelidos.

No lado japonês, o número de vítimas foi alto. Em 12 de abril, dia da morte do presidente americano Roosevelt, mais de 5.500 japoneses haviam sido mortos, contra "apenas" 451 americanos. No entanto, os americanos ainda estavam de frente para o Kakazuberg Ridge.

Os três primeiros círculos defensivos caíram com relativa facilidade. O fato de os japoneses terem lançado contra-ataques tacticamente insensatos funcionou em benefício dos americanos.

Mas no quarto círculo da Ilha Kiyamuschiere, a resistência foi muito amarga. Quando toda esperança foi perdida, vários japoneses, incluindo o General Mitsuru Ushijima, cometeram seppuku ou se explodiram com granadas de mão.

Perdendo

- Perdas nos EUA: cerca de 34 navios afundaram, 368 navios foram danificados, 763 aeronaves foram abatidas. No total, mais de 12.000 soldados americanos foram mortos durante a Batalha de Okinawa.
- perdas japonesas: As perdas japonesas foram enormes. 107.539 soldados morreram, 10.755 foram capturados ou se renderam. 7830 aeronaves e 16 navios foram destruídos.
- Acidentes civis: Os residentes de Okinawa foram forçados a entrar no exército japonês e morreram

nos combates. Muitos outros fugiram para cavernas para evitar serem pegos em bombardeios e foram enterrados vivos em colapsos lá. A artilharia e os bombardeios aéreos também causaram muitas vítimas. Todas as estimativas estão entre um terço e um décimo da população.

- Um fenômeno que certamente não deve ser subestimado é o chamado "battlestress". Isto causou mais vítimas nesta batalha do que em outras batalhas em que este fenômeno também foi rastreado. Os repetidos ataques, os contínuos bombardeios e a alta porcentagem de mortes são os culpados. No total, houve mais de 26.000 vítimas psiquiátricas no lado americano. No lado japonês, não há números disponíveis.

Kamikaze

Os kamikazes são soldados que tentam infligir o maior número possível de vítimas inimigas, cometendo suicídio. Os mais famosos são os pilotos kamikaze - que também foram os mais comuns - mas são bem conhecidos os casos de submarinos kamikazeminídeos, barcos kamikazespeed e ataques kamikaze (nos quais soldados fechados que não viram nenhuma chance de vitória se atiraram ao inimigo com pressa cega).

Os kamikazes recebem menção especial, pois o auge dos ataques kamikaze ocorreu durante a Batalha de Okinawa.

- Em 6 e 7 de abril, um ataque kamikaze maciço teve lugar pela primeira vez. Centenas de aviões kamikaze, os chamados "kikusui" (crisântemo flutuante, o símbolo imperial do Japão), mergulharam na frota de invasão. Ao final da batalha, 1465 vôos kamikaze haviam sido realizados. Trinta navios americanos foram afundados e 164 foram danificados.
- Os japoneses também haviam elaborado um plano para atacar a frota americana com lanchas a motor rápidas e cheias de explosivos. No entanto, este plano nunca foi realizado.
- O orgulho da frota japonesa, a *Yamato*, o maior navio de guerra de todos os tempos, também foi enviado em uma missão kamikaze. O plano era que ela encalhasse nas praias de Okinawa e atuasse como um lugar de artilharia. Entretanto, o submarino americano *USS Hackleback* detectou o

navio de guerra e sua escolta - composta pelo cruzador leve *Yahagi* e oito contratorpedeiros - mais cedo e passou a sua localização. O vice-almirante Marc Mitscher lançou ataques aéreos às 10h do dia 7 de abril. Durante as duas horas seguintes, a flotilha japonesa esteve sob constante ataque aéreo. A *Yamato* sustentou 12 bombas e sete torpedos. Acabou explodindo e afundando. O *Yahagi* e um dos destruidores compartilharam seu destino. Quatro dos outros contratorpedeiros não puderam voltar ao Japão. Da tripulação *da Yamato,* apenas 269 homens de 2747 sobreviveram à batalha naval. Os *Yahagi* perderam 446 homens e sobre os destruidores, 391 foram mortos. Os americanos perderam 10 aeronaves e 12 soldados. Esta foi a última ação da frota japonesa durante a guerra.

Impacto

A luta obstinada e as perdas extremamente elevadas pelos padrões americanos sobre uma ilha relativamente pequena deram aos americanos pouca coragem ou esperança de uma invasão pelos meios convencionais das principais ilhas do Japão. Essa era precisamente a intenção do comando supremo japonês.

Isto contribuiu para a decisão do Presidente Harry Truman de lançar as bombas atômicas desenvolvidas secretamente em Hiroshima e Nagasaki. De acordo com a crença popular, o Imperador Hirohito foi assim forçado a capitular. Isto marcou o fim da Segunda Guerra Mundial, como a Alemanha já havia capitulado em maio de 1945.

O fim da guerra

Com o colapso da Alemanha nazista em maio de 1945, os americanos queriam acabar com a guerra na Ásia o mais rápido possível. Foi acordado com a União Soviética que ela cancelaria o tratado de não-agressão com o Japão e declararia guerra após 3 meses (ou seja, 8 de agosto de 1945).

Apesar dos pesados bombardeios às cidades japonesas, o Japão se recusou a se render. Para forçar o Japão a se render, sem grandes perdas para seu próprio lado ao invadir o Japão, os americanos decidiram implantar uma nova arma: a bomba atômica. Em 6 de agosto, a primeira bomba atômica, apelidada de *Little Boy*, caiu sobre Hiroshima. Foi seguido alguns dias depois, 9 de agosto, pela bomba *Fat Man*, que caiu sobre Nagasaki. Um dia antes do ataque atômico a Nagasaki, a União Soviética havia declarado guerra ao Japão. Em 9 de agosto, a União Soviética lançou a Operação August Storm, com 1,5 milhões de tropas entrando na Manchúria (Manchukwo), Mongólia Interior (Mengjiang), Sakhalin do Sul (Karafuto), Coréia do Norte e, em 18 de agosto, os Kurils. Os japoneses surpreendidos ofereceram pouca resistência e

143

mais de um milhão de homens, incluindo 180 generais, foram feitos prisioneiros de guerra. Os pára-quedistas russos também conseguiram prender o imperador fantoche de Manchuria, Pu Yi.

Às 23h00 do dia 14 de agosto, o Japão informou aos Aliados por telegrama que aceitava os termos da Declaração de Potsdam e os da carta do Secretário de Estado norte-americano James F. Byrnes de 11 de agosto.

Com isso, o Japão havia se rendido. Um dia depois, ao meio-dia, a notícia da rendição do Japão foi anunciada por rádio pelo imperador, mas os soviéticos continuaram seu avanço até 1 de setembro e capturaram os Kurils. Em 2 de setembro, o Japão assinou a Lei de Rendição no navio de guerra *Missouri*. Isto pôs fim à Segunda Guerra Mundial.

Na paz concluída, o Japão cedeu vários territórios japoneses:

- Seu mandato sobre as antigas ilhas alemãs do Pacífico (independentes)
- a metade sul da ilha de Sakhalin (para a União Soviética)
- Os Kurils (para a União Soviética)
- Ferrovia Manchurian do Sul (China)

- Taiwan (China)

146

Após a conclusão

O fim da Segunda Guerra Mundial foi seguido por uma onda de choque de mudanças induzidas pela guerra na Ásia Oriental.

A guerra civil eclodiu na China logo após a Segunda Guerra Mundial entre o governo nacionalista de Chiang Kai-shek e os comunistas de Mao Tsetung. Em 1949, os comunistas venceram e foi fundada a República Popular da China. Os nacionalistas fugiram para Formosa, onde continuaram na República da China, agora mais conhecida como Taiwan.

Nas Índias Orientais Holandesas, a ocupação japonesa levou ao surgimento de um movimento de independência e, em 17 de agosto de 1945, a colônia holandesa declarou sua independência como a República da Indonésia, com Sukarno como seu primeiro presidente. Seguiram-se anos de guerrilha, respondidos pela Holanda com as chamadas ações policiais, até que a Holanda, sob pressão dos EUA, reconheceu a independência da Indonésia em 27 de dezembro de 1949.

A Coréia foi dividida após a Segunda Guerra Mundial em uma parte norte, comunista, apoiada pela União Soviética, e uma parte sul, apoiada pelos Estados Unidos. Em 1950, a Coréia do Norte invadiu a parte sul, a Coréia do Sul. Uma força das Nações Unidas defendeu a Coréia do Sul, sobre a qual a Nova República Popular da China interveio do lado norte-coreano. Em 1953, foi assinado um armistício entre a Coréia do Norte e a Coréia do Sul, que continuou até os dias de hoje.

Os nacionalistas também aproveitaram sua chance na colônia francesa do Vietnã. Logo após o final da Segunda Guerra Mundial, uma guerra de guerrilha eclodiu entre os franceses e os nacionalistas, o início da Guerra do Vietnã. Em 1949, os franceses tiveram que reconhecer a independência do Vietnã. Entretanto, o conflito com Hồ O vietminh comunista de Chí Minh continuou e em 1950 Ho Chi Minh declarou a independência do Vietnã do Norte. Em 1957, eclodiu a guerra entre o Vietnã do Norte e o Vietnã do Sul apoiado pelos EUA, uma guerra na qual os americanos se envolveram cada vez mais.

www.ingramcontent.com/pod-product-compliance
Lightning Source LLC
LaVergne TN
LVHW011015200726
843509LV00011B/1106